1,000,000 Books

are available to read at

www.ForgottenBooks.com

Read online
Download PDF
Purchase in print

ISBN 978-0-483-59574-3
PIBN 11290101

This book is a reproduction of an important historical work. Forgotten Books uses state-of-the-art technology to digitally reconstruct the work, preserving the original format whilst repairing imperfections present in the aged copy. In rare cases, an imperfection in the original, such as a blemish or missing page, may be replicated in our edition. We do, however, repair the vast majority of imperfections successfully; any imperfections that remain are intentionally left to preserve the state of such historical works.

Forgotten Books is a registered trademark of FB &c Ltd.
Copyright © 2018 FB &c Ltd.
FB &c Ltd, Dalton House, 60 Windsor Avenue, London, SW19 2RR.
Company number 08720141. Registered in England and Wales.

For support please visit www.forgottenbooks.com

1 MONTH OF FREE READING

at

www.ForgottenBooks.com

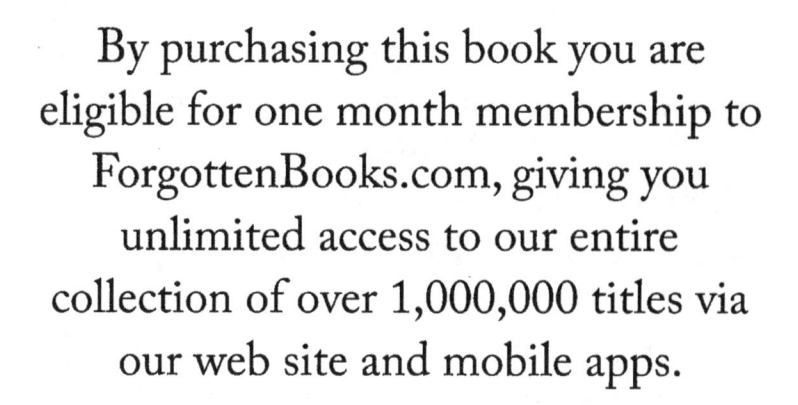

By purchasing this book you are eligible for one month membership to ForgottenBooks.com, giving you unlimited access to our entire collection of over 1,000,000 titles via our web site and mobile apps.

To claim your free month visit: www.forgottenbooks.com/free1290101

* Offer is valid for 45 days from date of purchase. Terms and conditions apply.

English
Français
Deutsche
Italiano
Español
Português

www.forgottenbooks.com

Mythology Photography **Fiction**
Fishing Christianity **Art** Cooking
Essays Buddhism Freemasonry
Medicine **Biology** Music **Ancient Egypt** Evolution Carpentry Physics
Dance Geology **Mathematics** Fitness
Shakespeare **Folklore** Yoga Marketing
Confidence Immortality Biographies
Poetry **Psychology** Witchcraft
Electronics Chemistry History **Law**
Accounting **Philosophy** Anthropology
Alchemy Drama Quantum Mechanics
Atheism Sexual Health **Ancient History**
Entrepreneurship Languages Sport
Paleontology Needlework Islam
Metaphysics Investment Archaeology
Parenting Statistics Criminology
Motivational

Der Geschlagene

Schauspiel
in drei Aufzügen

Von

Wilhelm Schmidtbonn

Kurt Wolff Verlag

Den Bühnen gegenüber als Manuskript gedru...
Das Recht der Aufführung ist zu erwerben
durch die Vereinigten Bühnenvertriebe
Drei Masken / Georg Müller /
Kurt Wolff Verlag Berlin W. 30

Erstes bis drittes Tausend
Copyright 1919 by Kurt Wolff Verlag in München und Leip...
Druck von Emil Herrmann senior in Leipzig.

Personen:

Josef Wacholder, ein Flieger
Seine Frau Elisa
Seine Mutter
Sein Bruder David
Eine junge Nonne
Benedikt, ein Knabe
Johannes Pracht

Schauplatz der Handlung: Garten und Haus der Mutter; hoch über dem Rhein

Erster Aufzug.

Garten. Bank. Sonne. Die Bäume noch kahl. Vormittag.

David (steht neben Elisa).

Ich höre den Wagen. Jetzt die Stelle, wo Steine liegen. Er hält.

Elisa.

Ich muß hinunter.

David.

Da dein Mann es gewünscht hat, mußt du hier oben bleiben.

Elisa.

Warum mag er es gewünscht haben?

David.

Wie oft fragst du? Er will nicht, daß fremde Leute herumstehn, wenn er sich mit dir begrüßt — bei solcher Rückkehr.

Elisa.

Aber die Mutter ist dennoch hinunter.

David.

Das Gartentor geht auf.

Elisa.

Käm er zurück wie sonst, nach Sieg, mit fremden Augen — ich gestehe dir: leicht wäre er abzuwarten gewesen hier oben! Aber er kommt mit Wunden, gedemütigt, voll Tranen.

David.

Schritte. Nicht die Schritte der Träger. Ich höre genau. Er kann also gehn.

Elisa.

Keine Macht der Welt hält mich hier oben. (Sie will davon.

Die Mutter (fast jung, schmal, kommt schnell).

Elisa (sieht ihr erschreckt ins Gesicht).

Mutter.

Jetzt heißt es stark sein, meine Kinder.

Elisa.

Welch ein schreckliches Gesicht machst du.

Mutter.

Ich muß euch sagen, welcher Art seine Wunde ist.

Elisa.

Sag es. Ich werde so stark sein wie du.

Mutter.

Nicht sagen. Zeigen. Nicht einmal zeigen. Ich bringe die Hände nicht so hoch.

David.

Wie hoch müßtest du die Hände bringen? Ist es die Brust? Das Gesicht? Ist er entstellt?

Elisa (deckt die Augen mit den Händen zu).

Mutter.

Das ist es. Weh dem von uns, der ein Wort der Klage herausläßt, der auch nur mit der Stimme zittert.

Wacholder (dreißigjährig, mit unbedecktem Haar, Lederanzug, Stiefeln, die Augen durch eine blaue, nur zwei fingerbreite Binde verdeckt, von der Schwester geführt).

Fertig, Mutter? Mach es kurz.

Mutter.

Komm, Josef. Hier ist deine Frau.

Wacholder.

Elisa, ich schäme mich, so zu dir zurückzukommen. Sieh mir nicht ins Gesicht.

Elisa (stumm).

Wacholder.

Wo ist deine Hand? Mehr fordere ich nicht. Aber eine Hand — bin ich nicht eine Hand mehr wert?

Elisa.

Josef! Daß du da bist, lebst!

Wacholder.

Du umklammerst mich, schutzsuchend, das alte Vögelchen. Aber jetzt bin ich es, der sich anklammern muß.

Elisa.

Daß du lebst. Ich sehe nichts, als daß du lebst.

Wacholder.

Jetzt bin mit einem Mal ich es, der sich anklammern muß. Aber — ich werde wieder sehen. Deine Prüfung wird nicht ewig dauern.

Elisa.

Du wirst an meiner Hand so sicher gehn, als ob du sähest. Ich werde meine Augen nur noch für dich haben und dir alles sagen, was ich sehe.

Wacholder.

Glaube übrigens nicht, daß es sich gar so schwer im Dunkel zurechtfindet. Man fühlt vor. Mit unsichtbaren Fühlern. Auch hat man ein ganz unglaubhaftes Gedächtnis für die Dinge des Erdbodens, die man mit den Füßen anrührt. Ich würde jetzt den Weg hier herauf mit voller Sicherheit allein wieder zurückgehen.

Elisa.

Überdies werde ich dir einen bequemen Stock schneiden.

Wacholder.

Ein erbärmlicher Blinder, der einen Stock nötig hat. Ihr Sehenden gebt uns Stöcke, damit wir hilfloser erscheinen. Dann kommt ihr euch selbst um so leichtfüßiger vor.

Elisa.

Du wirst wieder sehen?

Wacholder.

Ja. Ich werde wieder sehen. Nach einiger Zeit. Nach einem, zwei Jahren.

Elisa.

Dann wollen wir nicht klagen. Aber müh dich nicht ab, deine Wege allein zu machen. Laß mir die Freude, dich an der Hand zu führen. Du bist mein Kind, ich lehre dich gehen.

Wacholder.

Welch schöne Hand du hast! Ich weiß mich nicht zu erinnern, wie sie aussieht. Wenn früher zehn Frauen mir ihre Hände hingestreckt hätten, ich würde deine Hände nicht herauserkannt haben: so schlecht sehen Augen. Aber jetzt, nachdem ich deine Hände umtastet habe, jetzt finde ich sie unter tausend heraus. In Wahrheit: wir Blinden sehen besser als ihr Sehenden.

Elisa.

Wie tut es wohl, jeden Finger von dir so umtastet zu fühlen. Du nimmst mich ganz in dich auf.

Wacholder.

Wie wohl, zu umtasten. Wanderung auf neuen Wegen. Reise durch neue Welt. Wahrhaftig, mir ist die ganze Welt neu geworden. Eine Gartentür ist Ereignis. Eine Treppe, die man in Finsternis hinaufgeht, führt von der Welt fort, ins Unirdische. Ein Stuhl wird Rettung, Fels, Burg, Thron, Mittelpunkt der Welt — wird wahrhaft Stuhl. Man spürt, wie das Holz nach einem greift, mit einem zusammenwächst. Jetzt erst spürt man die Erde. Jeder Stein wird Wesen. Stuhl, Stein — Dinge, die auch keine Augen haben und sich an die Menschen anklammern wollen. Wahrhaftig, ich weiß es jetzt: Stuhl, Stein leben. Auch hier wissen wir Blinden mehr als ihr Sehenden.

Elisa.
Willst du ins Haus kommen?

Wacholder.
Stuhl, Stein — wie viel reicher bin ich als sie, daß ich hören kann. Wie reicher als ihr Sehenden, die ihr nicht wißt, was hören heißt. Wie höre ich nun in Stimmen hinein! Jede Seele hole ich heraus aus ihrer Stimme, wenn jemand sie noch so klirrend zuschüttet mit Worten. Ich höre Stimmen, die für euch stumm sind. Die Stimmen der Türen, der Wagen, Schiffe, Eisenbahnen, der Häuser, der Bäume. Über jedem Schritt wächst mir der Körper des Menschen auf, der schreitet. Nicht der Körper roh, wie ihn der Werktag sich umgestaltet hat, den ihr seht. Sondern der geheime, den die Seele sich gedacht hat. Wenn eine Frau singt, so singt mir ein Bote von andrem Stern, der der wahre ist. Ich höre die Luft atmen. Ich höre die Rufe ferner Weltteile darin. Die Schreie versunkener Jahrtausende. Ich höre hoch im Weltraum ein Brausen unendlich — die Ewigkeit. Einmal habe ich gehört die Stimme — ich nenne den Namen nicht. Denn sieh, seit ich nicht mehr sehe den Alltag wie ihr, weiß ich, daß da noch einer ist.

Elisa.
Früher hat dir ja auch dein Beruf zu all solchen Gedanken keine Zeit gelassen.

Wacholder.
Welch ein Mensch war ich! Wie danke ich dir, daß du dieses Wort ausgesprochen hast. Soll ich dir sagen, zu welcher Erkenntnis ich in der Nacht all dieser Wochen gekommen bin? Ich bin gestraft für meinen Beruf.

Elisa.

Aber du hast doch deinem Beruf mit solcher Unermüdlichkeit angehangen.

Wacholder.

So angehangen, daß ich darüber vergessen habe, meine Augen zu gebrauchen. Dafür bin ich an den Augen gestraft.

Elisa.

Ach, du bist doch im Flugzeug immer hoch über uns andern geflogen?

Wacholder.

Allzu hoch. Allzu hoch. Ich habe gesehn Wälder, Flüsse, Meere. Aber die Gesichter der Menschen habe ich nicht gesehen. Da waren unzählige zu mir aufgehoben. Rätselhaft traurige. Nahm ich von ihrer Kraft, um zu fliegen? Ich ließ mir nicht Zeit, es herauszubekommen. Jetzt haben sie mich zu sich hinunter gezogen.

Elisa.

Komm ins Haus, das deine Mutter gekauft hat für uns alle.

Wacholder.

Welch Verlangen nach Gesichtern hat mich nun gepackt!

Elisa.

Komm. Ich werde jedes Zimmer mit Worten vor dich hinmalen.

Wacholder.

Ich habe vergessen, die Menschen anzusehn. Ich habe die Augen allzu unersättlich angefüllt mit Himmel. Gestürzt? Glaub doch das nicht! Wie? Was denkst du dir? Denkst du, daß im Sturz eine Flamme hochgeschlagen sei?

Elisa.
Was kommt darauf an, wie dein Unglück geschehen ist?

Wacholder.
Das Licht oben hat mir die Augen versengt.

Elisa.
Das Licht?

Wacholder.
Laß es dir von den Ärzten erklären, die auch nichts wissen. Mit voller Tücke hat mir das Licht die Augen ausgebrannt. Nur zur Erde hat es mich noch hinuntergelassen. Nur Zaun und Ackerschollen, im Anprall, hat es mich noch sehn lassen.

Elisa.
Nach dem Haus wollen wir durch den Garten gehn.

Wacholder.
Nicht der leere Himmel, das Gesicht der Menschen ist dem Menschen gegeben anzusehn. Was habe ich versäumt! Darum bin ich von Gott geschlagen.

Elisa.
Den Garten bebauen! Früchte aus der Erde holen. Neue Arbeit.

Wacholder.
Ich will nichts als Buße. Ich will in diesem Haus in der kleinsten Kammer schlafen. Ohne Bett. Eine Decke auf der Erde. Ja, und ich will nichts essen, als was ich mit eigenen Händen aus der Erde heraufgearbeitet habe.

Elisa.
Mein Joseph, dein Unglück hat deine Seele verfinstert. Ich werde durch unermüdliche Sorgfalt dich heilen.

Wacholder.
Jede Sorgfalt verbiete ich dir.

Elisa.
Doch. Du wirst mein Kind sein.

Wacholder.
Dein Kind? Begreifst du die Entsetzlichkeit dieses Wortes nicht? Ich, ein Mensch mit Jünglingskraft. Ich, der ich vorhatte, in unablässiger Arbeit zu Bedeutung unter den Menschen zu kommen.

Mutter.
Verwehre uns nicht Mitgefühl.

Wacholder.
Mitgefühl? Stecht euch die Augen aus, dann glaube ich daran. Blind für immer! Ich bin blind für immer. Ich werde die Erde, die Häuser nicht mehr sehen. Ich werde die Sonne auf Plätzen, ich werde die Räder der Wagen, die spielenden Hunde nicht mehr sehen. Warum habt ihr mich hier aufs Land gesperrt? Ist der Strom da? Schwimmen Schiffe darauf? Ich werde Strom und Schiffe nicht sehn. Habt ihr einen Ort ausgesucht mit schöner Linie der Berge? Ich sehe keine Berge. Soll ich Blumen ziehen? Ich sehe sie nicht. Ihr habt diesen Ort für euch ausgesucht. Für euch mag hier ein Paradies sein. Bringt mich in einen Hof voll Morast und Gerümpel. Für mich ist es dasselbe.

Mutter.
Versündige dich nicht an dem Einen, Kind. Eben noch hast du in Ehrfurcht von ihm gesprochen.

Wacholder.

So habe ich gelogen. Ich hasse diesen Einen, der mich in diese Nacht geworfen hat. Der mich unter das Mitgefühl der Menschen geworfen hat. Der mich zum Kind gemacht hat. Ich hasse euch alle, weil ihr Augen habt und sehen könnt. Könnt ihr sehen und seht nicht, wie es in Wahrheit um mich steht? Könnt ihr glauben, daß ich ein Mensch bin, geduldig, sanftmütig, ergeben? Soll ich jenem Einen noch danken? Seht ihr nicht, daß ich wie ein gefangenes Tier am Gitter dieser Finsternis schüttele? Daß mir der Zorn das Herz ausbrennt? Daß mir Flammen aus der Stirn schlagen?

Elisa.

Entsetzlich.

Wacholder.

Ja, ich werde euch nicht bequem sein. Ihr sollt mit mir leiden. Ich werde euch in meine Hölle mit herunterreißen. Das ist die Wahrheit, ihr Sehenden!

David.

Bruder, komm ins Haus. Leg dich ein wenig zu Bett.

Wacholder.

Du bist auch da? Auch du — Worte voll Nachsicht? Schrei mich an, wenn du Mitgefühl hast. Zeig mir nicht mein Elend doppelt dadurch, daß du behutsame Worte machst. O die Genugtuung, die in euch jauchzt, daß ihr da stehn und sehn könnt! Sieh mir nicht ins Gesicht. Verdoppele nicht meine Scham noch dadurch, daß du mich ansiehst.

Die Schwester.

Ja, Sie müssen sich schämen, Herr Wacholder, so haltlos zu sein.

Wacholder.

Haltlos? Woran soll ich mich halten? Ich greife in Luft. Ich weiß nicht, steht da ein Baum, fängt da eine Treppe an. Ich weiß nur, daß Finsternis um mich ist für immer. Und ich habe nur eine Begierde, daß alle Menschen dieselbe Finsternis um sich haben möchten, daß keiner triumphieren kann, daß keiner ausschreiten kann, ohne mit der Hand zu tasten. O, ich Verfluchter! Die Kinder dürfen laufen, um Ecken, Treppen herunter. Selbst den Hunden laßt ihr die Augen. Das Vieh laßt ihr im Stall mit Augen stehn, wo es die Augen nicht braucht. O, warum ich? Warum gerade ich? Unter Millionen, warum gerade ich? Waren mir die Flügel gegeben, warum werde ich heruntergeschlagen mitten im Flug? War ich je eine Stunde müßig? Habe ich je eine Stunde länger geschlafen als not war? Bin ich je vor einem Flug zurückgeschreckt? Habe ich gewagt für mich? Nicht für alle? Ich wollte den Menschen Gutes tun. Was wißt ihr von meinen Plänen? Ich hätte die Entfernungen auf Erden aufgehoben. Rund um die Erde wäre ich gekreist mit der Geschwindigkeit der Sonne. Und eines Tages, wie? wäre ich zu andern Sternen geflogen.

Elisa.

Deine Kraft bleibt in dir.

Wacholder.

Fliegen! Mich verschwenden! Jung sein! Nicht hinuntergeschleudert unter die Kriechenden.

Elisa.

So sehr wieder jung, daß ein neues Leben vor dir aufgetan ist.

Wacholder.

O, könnte ich an diesen Gott mit diesen Händen! Ich würde ihm die Augen aus dem Gesicht reißen, mit denen er alles sieht und mich sieht und mir die Augen nicht wiedergibt. (Er bricht zusammen an die Erde.)

Elisa.

Hilf Himmel!

Schwester.

Lassen Sie ihn, bis er von selbst wieder zu sich kommt. Die Natur gibt ihm dieses kurze Vergessen.

Mutter.

Mein Sohn, mein armer Sohn.

David.

Dankt dem Himmel, daß er ihm Stimme gelassen hat anzuklagen.

Elisa.

Schwester, helfen Sie, raten Sie! Zeigt er immer dieses Wesen, das ihn gänzlich zerreiben muß?

Schwester.

Im Anfang zeigte er solche Anfälle wie alle. Aber noch nie so ungehemmt. Bisher war es immer sein Stolz, Mann zu sein. Gerade er.

Elisa.

Warum packt es ihn gerade, da er nun bei uns ist?

Schwester.

Eure Güte hat ihm sein Schicksal nahe geführt.

Elisa.

Wie sollen wir mit ihm anders tun?

Schwester.

Sie müssen nie mit ihm tun wie mit einem Menschen, der aus unserer Welt herausgefallen wäre. (Mit einem Aufschreien plötzlich.) Ach, wir können nichts tun. Blinde steigen über uns hinaus. Wir können sie doch nicht zurückhalten.

Elisa.

Bleiben Sie, Schwester, bei uns.

Schwester.

Ich habe Dienst. Da sind noch andere, die nie mehr den Tag sehen werden. Bei denen ich stehen muß, wenn der Arzt ihnen ihr Schicksal verkündet. Dann muß eine Frau bei den Männern stehn. Dann muß eine Frau ihnen die Hand auf die Stirn pressen.

Elisa.

Leihen Sie uns Ihre Hilfe noch einige Tage.

Schwester.

Ich muß zurück. Ich komme ja nicht so schnell übers Meer nach Hause wie er im Flugzeug. Ich kann auch nicht mehr leben unter Menschen mit Augen.

Elisa.

So lassen Sie uns noch Rat hier.

Schwester.

Lassen Sie, wenn er aufwacht, nicht zu viele Menschen um ihn stehn. Einer. Die Frau. Oder die Mutter.

David.

Wie heißen Sie, Schwester? Daß wir Sie mit Namen nennen können, wenn wir Ihrer gedenken?

Schwester.
Schwester Angele.

David.
Dank, Schwester Angele. (Er begleitet sie und kehrt bald zurück.)

Elisa.
Da liegt er. Daß die Sonne scheint! Daß die Vögel singen!

Mutter.
Geh ins Haus, David. Du auch, Elisa.

Elisa.
Mein Platz ist bei ihm.

Mutter.
Ich war die erste bei ihm, als er zum Leben erwachte. Laß mich die erste sein, jetzt, da er in ein neues Leben hinein muß.

Elisa.
Dir hat er gehört, da er Knabe und Jüngling war. Dann habe ich ihn von dir genommen. Jetzt ist er mein.

Mutter.
Du hast ihn mir nicht genommen. Niemand kann einer Mutter das Kind nehmen.

Elisa.
Ich war schwach nur vor Schmerz.

Mutter.
Aber ich habe so viele Nächte an seinem Bett gesessen, früher, daß ich gelernt habe, nie stärker zu sein als im Schmerz. Geh ins Haus, liebe Elisa.

Elisa.

Du weißt, ich war für ihn immer nur eine, die dieses goldene Haar hat. Jetzt ist es so weit, daß ich ihm auch die Kraft meines Herzens zeigen kann, jetzt schicke mich nicht weg als einen unnützen Zuschauer.

Mutter.

Ich kann in dieser Stunde meinen Sohn nicht einmal teilen mit dir.

David.

Komm, Elisa, ins Haus. Eine Mutter bittet.

Elisa.

Eine Frau bittet.

David.

Er ist ein krankes Kind. Darum gehört er erst der Mutter.

Elisa.

Damit er nicht aufwache und Streit um sich habe — sei es. (Sie geht mit David.)

Mutter.

Dafür habe ich dieses Kind geboren. In Wahrheit könnte ich meine Augen aus dem Kopf nehmen und dir geben! Wo mein Herz war, das zu lieben dachte, ist ein Feuer aufgesprungen. Ich erkenne erst jetzt, daß du mir allzu fremd geworden warst durch diese Frau, deren Bett du neben das deine gestellt hast. Aber nun reiße ich dich wieder an meine Brust. Werde wach, Sohn. Wie oft habe ich so an deinem Bett gewartet! Aber damals öffnetest du zwei Augen und erkanntest mich. (Sie berührt mit dem Mund seine Stirn.)

Wacholder (erwachend.)

Wer ist bei mir? Bin ich allein? (Er greift um sich, erfaßt die Hand der Mutter.) Wer ist das?

Mutter (stumm).

Wacholder.

Mutter! Ich erkenne deine Hand. Ein Gefühl aus Kindheit plötzlich jetzt, da ich deine Finger, deine Nägel tastete. Wo ist Elisa?

Mutter.

Ins Haus. Einiges herrichten für dich.

Wacholder.

Nichts ist da schon herzurichten. Erst gibt es hier draußen Arbeit. (Er steht auf.)

Mutter.

Sie wird kommen. (Sie führt ihn zur Bank.)

Wacholder.

Möge sie noch bleiben! Gut, Mutter, daß du erst allein da bist. Vor dir brauche ich mich nicht zu schämen. Dir kann ich mein Gesicht ruhig hinhalten.

Mutter.

Von mir hast du dein Gesicht. Und die Züge deines Vaters erkenne ich darin. Wie kann etwas sein, das mir teurer wäre als dein Gesicht?

Wacholder.

Leg mir deine Hand auf die Augen. (Er lacht.) Hast du gehört? O Eitelkeit! Auf das, was einmal Augen war.

Mutter.
Brennt es da?

Wacholder.
Es brennt.

Mutter.
Immer rufe mich, wenn es brennt.

Wacholder.
Ich bitte dich auch: es ist nötig, die Augen morgens und abends zu baden. Ich will nicht, daß Elisa es tut.

Mutter.
Habe ich dir, da du Kind warst, die Augen nicht immer gebadet?

Wacholder.
Willst du wirklich die Last eines Blinden auf dich nehmen?

Mutter.
Du warst schon einmal blind: in meinem Schoß.

Wacholder.
Aber beim ersten Mal, Mutter, wenn du die Binde von meinen Augen nimmst — erschrick nicht.

Mutter (lächelnd).
Und wenn ich ein wenig erschrecke: du siehst es ja nicht.

Wacholder.
O, wie Fürchterliches sagst du da! Ich werde die Binde selbst abnehmen.

Mutter.
Steh nun auf, Sohn. Komm ins Haus. Reinige dich von der Reise. Zieh aus diesen Rock, den ich in unserm Haus nicht mehr sehn mag.

Wacholder.

O, wie Fürchterliches hast du da gesagt! Wenn ihr erschreckt, ich seh es nicht. Ich sehe nicht, wenn ihr über mich spottet.

Mutter.

Aber, mein Kind, wer jemals wird über dich spotten?

Wacholder.

Daß ich Häuser und Bäume nicht sehe, ich habe mich hineingefunden. Ich habe mich hineingefunden, daß ich eure Gesichter nicht sehe. Denn ich kann sie mir vorstellen, ich sehe sie in mir. Aber ich sehe nicht den Ausdruck eurer Gesichter. Ihr könnt mir etwas sagen und dabei spotten — und ich sehe es nicht.

Mutter.

Aber wer von uns, Sohn, sollte ein anderes Gesicht machen als zu seinen Worten gehört? Nicht in dieses Mißtrauen darfst du dich hineindenken.

Wacholder.

Wo ist der Strom? Halt! Auf dieser Seite. Ich spüre ihn.

Mutter.

Ja, auf dieser Seite.

Wacholder.

Sind Schiffe darauf?

Mutter.

Ein Segler weit. Ein Dampfer gerade unter uns. Inmitten ein Kahn blau.

Wacholder.

Ich höre den Dampfer.

Mutter.

Ich habe die Bank für dich hierher gestellt, damit du ins Land sehen könntest. Fels, Kirchtürme bis in weite Ferne. Acker mit Männern und Rossen. Frauen in Weinbergen, Karren auf den Landstraßen, Eisenbahnen. Der Bogen des Stroms. Alles in Frühlingssonne. Nun kommst du und hast keine Augen.

Wacholder.

Dennoch werde ich jeden Morgen hier sitzen. Wenn du denkst — habe ich es selbst gesagt? — ich könnte ebenso gut in einer Holzkammer sitzen, Gesicht gegen Wand, dann irrst du. Ich spüre Dörfer und Himmel genau. Ich rieche die Knospen an den Bäumen, das Wasser, den Rauch, das starke Holz eines Floßes. Es muß ein Floß am Ufer liegen. Ich höre das Leben anbranden. Darum hast du die Bank gut hierher gesetzt. (Nach einer Weile.) Wie, Mutter, war der Ausdruck in Elisas Gesicht, als du es ihr mitteiltest?

Mutter.

Schrecken. Schrecken und großes Mitleid.

Wacholder.

Und als sie mich zuerst sah?

Mutter.

Nur noch Mitleid.

Wacholder.

Nicht Abscheu? Nicht doch eine Spur Abscheu?

Mutter.

Nicht die geringste Spur.

Wacholder.

Du sagst das. Aber wahrscheinlich hast du sie doch gar nicht angesehn in diesem Augenblick?

Mutter.

Es ist merkwürdig, aber ich habe sie angesehn. Vielleicht in der gleichen Furcht wie du, sie könnte Abscheu verraten.

Wacholder (fast aufschreiend).

Nicht die geringste Spur?

Mutter.

Nicht die allergeringste.

Wacholder.

Dann ist Hoffnung. Aber es bleibt doch noch zuerst das Wichtige zu sagen. Eher darf ich nicht ins Haus. Warum ging sie fort? Warum kommt sie nicht zurück?

Mutter.

Sie wartet darauf, daß wir ins Haus kommen.

Wacholder.

Nein, ruf sie zu mir heraus — ich bitte dich. Ich habe ihr vorher etwas zu sagen, auf das alles ankommt.

Mntter.

Sag es ihr später. Morgen.

Wacholder.

Wie lange war ich fort? Drei Monate nur? Tausend Jahre! Ist sie noch schön? Haben ihre Haare noch ihr ganzes Licht? Sie kommt.

Mutter.
Es ist David.

Wacholder.
Es ist Elisa. Wie unsagbar beglückend, in der Finsternis ihren Schritt zu erkennen!

Mutter.
Ja, sie ist es.

Wacholder.
Sie hat gespürt, daß ich sie rufe. Denn auch das, Mutter, habe ich erkannt, daß die Leidenschaftlichkeit, die mit einem Mal in mein ganzes Wesen gekommen ist, Menschen ich weiß es, herbeiziehen kann. Laß mich ein wenig allein mit ihr. Wünsche mir Gutes. Ich habe Entscheidendes zu sagen.

Mutter.
Ja, mach dich frei von allen Ängsten. Daß du, auch ohne Augen, glauben lernst.

Elisa (kommt).
Ihr bleibt so lange, daß ich Furcht bekam. Aber da sehe ich, daß alles gut ist. Ins Haus, an den Tisch.

Mutter.
Leg deinen Arm um seinen Rücken.

Elisa.
Wir wollen beide ihn führen.

Mutter.
Nein, es ist noch etwas, das er dir sagen will, ehe er ins Haus tritt. (Sie geht.)

Elisa.

Ich muß mir einen Vorwurf machen. Ja, ich bin fast über mich erschreckt: weil ich, um die Wahrheit zu sagen, mich immer wieder darüber ertappe, daß ich in mir singe. So, als ob du schon lange blind und ich schon lange daran gewöhnt wäre.

Wacholder.

Elisa, neben mich. Gib deine Hände. Sieht uns niemand?

Elisa.

Und wenn du mich nun endlich küßtest, auf den Mund — wer dürfte es nicht sehen?

Wacholder.

Voll Wärme sind deine Hände. Ich fühle dein Blut. Es ist nicht erstarrt durch meine Nähe.

Elisa.

Es ist aufgelebt. Gib meine Hände frei, daß ich mich an dich werfen kann.

Wacholder.

Entsetzlich! Mit einem Mal kann ich mir dein Gesicht nicht mehr vorstellen. Eben noch, jetzt nicht mehr. Du sprichst zu mir, aber ich sehe nicht, wer spricht. Ich sehe eine Mauer, rot, einen Wagen, jetzt hundert, mit drehenden Rädern, wie Spielzeug. Ein Kind hügelauf. Ein Hund hinkt. Warum werde ich genarrt mit lächerlichen Bildern? Nicht einmal das letzte Glück ist mir gelassen, jetzt erst habe ich dich ganz verloren. Nur dein Haar bewahre ich noch. Es ist wie Sonne.

Elisa.
Klag nicht länger. Küß mich. Du besitzt mich – ist das so wenig?
Wacholder.
Nicht mich, dich beklag ich.
Elisa.
Nicht mich.
Wacholder.
Dich. Du mußt blühen, ohne gesehen zu werden. Wenn wir einmal ein Kind haben – ich sehe es nicht und du kannst nicht stolz sein. Du mußt verkümmern. Deine Augen werden ihren Strahl verlieren. Du wirst blind werden wie ich.
Elisa.
Ich habe deine Worte. Deine Worte werden mich in Glanz erhalten.
Wacholder.
Entsetzlich! Ich habe dein Gesicht für immer verloren. Unter allem, was ich spreche, lauere ich, daß es wiederkomme. Aber es kommt nicht. Weh, jetzt ist auch der Schein deines Haares fort. Hinuntergestürzt in den Schacht meiner Finsternis. Nie wieder kann ich ihn daraus heraufholen. Anfassen. Klammern die Hände in dein Haar. Sonst versinke ich. Hier deine Stirn. Kindliche Wölbung. Das bist du. Nein, Fels, Vorgebirge der Rettung. Der Bogen, da die Haare ansetzen, Grenze zweier Welten, voll Geheimnis. Die Schläfen. Hier schlägt dein Blut, aus Ewigkeit. Die Augenbrauen. Tore. Die Augen. Geschlossen wie meine. Aber rund, gewölbt, Sonnen, herrlich gefüllt mit Leben. Tiefer darf ich nicht, zu deinem Mund nicht. Er gehört mir nicht.

Elisa.

Gib Glück, indem du ihn in Besitz nimmst.

Wacholder.

Er gehört mir nicht. Er ist mir wieder Sehnsucht geworden wie früher. Wie früher, als du noch, unbeschwert mit Wissen um mich, über die Straße gingst. Ein Reh aus Wäldern eines fernen Erdteils, in das Schwungrad der Stadt hineinverlaufen. Oder hattest du dich, ein Wesen von anderm Stern, in der Luft, in meine Maschine verfangen? Wie rang ich um das erste Wort an dich! Bis ich dich, die Erde unter mir entstürzend, in diese Arme einzog.

Elisa.

Wirf deine Arme wieder um mich wie damals.

Wacholder.

Nun komme ich so zurück. Als Betrüger.

Elisa.

Wie nennst du dich?

Wacholder.

Ich komme ohne Augen zurück. Aber du hast mich mit Augen geheiratet.

Elisa.

Ich habe dich zum Mann genommen, dich, der da sitzt: was auch das Leben bringe.

Wacholder.

Aber hättest du mich genommen, wenn du dies gewußt hättest?

Elisa.

Frag nicht zwecklos.

Wacholder.

Ich weiß nicht, ob ein Gesetz besteht, daß unter diesen Umständen einer Frau die Freiheit zurückgibt. Für mich ist das Gesetz da, ich erlasse es. Ich füge mich ihm als erster. Ich gebe dich frei.

Elisa.

Ich fühle mich nicht angekettet bei dir.

Wacholder.

Verstehe nur. Ich gebe dir dein Jawort zurück. Du bist frei, unbeschwert. Nimm deinen Besitz, nimm von dem meinen, alles — und verlaß dieses Haus, in das du nicht eingezogen bist, um einen Blinden in Ecken sitzen zu sehen.

Elisa.

Ich bin erschreckt.

Wacholder.

Ich sage doch nur Gerechtes.

Elisa.

So leicht kannst du dich von mir trennen?

Wacholder.

Ich halte dich nicht, wenn du dich trennen willst.

Elisa.

Ich liebe dich wie vorher. Nein, mehr als vorher.

Wacholder.

Jetzt hast du dich verraten. Deine Liebe ist Mitleid: daher dieser Zuwachs. Aber ich weise Mitleid zurück. Kein Schicksal erreicht es, mich ganz schwach zu machen.

Elisa.

Nicht Mitleid. Ich liebe dich anders. Dein Gesicht ist schön auch ohne Augen. Die Kraft deiner Stimme ist da. Das Ungestüm deines Herzens.

Wacholder.

Da, sieh mein Gesicht ohne Binde. (Er nimmt sie ab.)

Elisa.

Schön auch ohne Binde.

Wacholder.

Noch halte ich die Augen geschlossen. Wie würdest du erschrecken, wenn ich sie öffnete und du in die weißen Kugeln sähest!

Elisa.

Offne sie.

Wacholder.

Du belügst dich. Du wagst noch nicht, dir die ganze Schwere deines, nicht meines Schicksals einzugestehn.

Elisa.

Wie kann hier Lüge sein? Die Stimme meines Blutes schreit nach dir.

Wacholder.

Stimme des Blutes? Nichts ist schwerer zu hören. Prüfe dich. Horch auf dich den ganzen Tag, die ganze Nacht. Eine furchtbare Aufgabe bürde ich dir auf. Entscheide morgen. Bis dahin laß uns Freunde sein, nicht mehr.

Elisa.

Ich habe nicht nötig, mich zu prüfen bis morgen. Ich erkenne mich heute, jetzt. Aber ich frage dich: ob ich dir noch wert bin. Ich, die du als Sehender ausgewählt hast, nur weil sie dir schön anzusehen schien. Aber du konntest nicht wissen, ob ich auch nun noch, unter den veränderten Umständen, noch zureiche.

Wacholder.

Zureiche? Du solltest nichts tun, als mich umhämmern mit Stimme und Schritt auf dem Kies des Gartens. Nur der Geruch deines Haares sollte um mich herwehn als der herrliche Geruch des Lebens. Pflegen mag mich die Mutter. Aber ich nehme es nicht an, dein Geschenk. Ich traue Gott nicht mehr. Meine Hände, sieh hin, zittern vor Verlangen — aber ich schrecke zurück.

Elisa.

Wovor noch erschreckst du zurück?

Wacholder.

Vor der Wahrheit. Sie muß einmal durchbrechen. Dann wird sie mich vernichten wie ein Bergsturz.

Elisa.

Glaube.

Wacholder.

Könnte ich lieber wissen.

Elisa.

Glauben ist mehr als Wissen.

Wacholder.

Könnte ich dennoch wissen.

Elisa.

Ich will dir statt Beteuerungen nur das Eine gestehen: nie habe ich lieber in dein Gesicht gesehn, als wenn du neben mir im Bett lagst, in der Morgenfrühe, atmend, und deine Augen noch geschlossen waren. Da habe ich die Augen in dein Gesicht versenkt als in ein Wunder, endlos, und hatte nur vor einem Furcht, daß du die Augen unvermutet aufschlügest. Da, nicht vorher, habe ich mich dir hingegeben, ganz, ohne Rückhalt, in dich hineingerissen, dennoch nur in der einen Qual, nicht ganz in dir sein zu können, nicht in deinem Traum mitatmen zu können. Hörst du? Da du die Augen geschlossen hieltest, warst du mir der liebste.

Wacholder.

Glauben? Auch ohne Augen begehrenswert, ein Mann? Ich flehe dich: nimm es nicht leicht, sage nicht schnellhin ein paar Worte, nur um nicht wahrhaft denken zu müssen. Habe nicht Furcht vor der Wahrheit, schneide in dein Gehirn mit Messer des Muts, ohne Erbarmen für dich und mich. Entdeckst du auch nur einen Hauch Grauen vor unserm Schicksal: dann geh fort aus diesem Haus.

Elisa.

Da du mich nicht nimmst, nehme ich dich jetzt endlich und küsse dich.

Wacholder (aufstehend, indem er sie abhält).

Wie? Du willst in Wahrheit in einem Haus mit mir bleiben? Nicht einsam sitz ich? Laß mich stehn ungestützt. Meine Brust – Raum! Einatmen die Welt. Neues Leben. Ein neuer Mensch. Wie, Mutter, soll ich in deinem Garten sitzen so friedlich? Soll es Glück sein, daß Vögel von meiner Hand Körner fressen? Dein Garten Ort der Ruhe, Schoß, Hafen? Nein, Mutter, nicht abgezäunt vom Leben. Und wenn deine Kieselsteine in Unordnung geraten, und wenn über deinen Wegrand hinausgetreten wird: hängt ein Schild ans Gartentor, ruft herbei alle Hungernden, Müden, Bedrückten, Verzweifelten, die Brüder. Sie sollen mit am Tisch sitzen. Ich will sie mit Aufrichtung tränken. Ich, der Glückliche.

Elisa.
Vergiß nicht mich.

Wacholder.
Mit dir im Gras sitzen? Mit dir aus Büchern lesen? Sonne spüren? Du mir die Wolken vorzählen? Wie? Das soll alles sein? Mehr, mehr! Wir werden aneinander hochwachsen. Ein Schatz an Liebe, der tot war, wird in uns hochsteigen. Neue Kräfte springen auf, um das, was ausgeschieden ist, zu ersetzen. Wie der Baum schräg über dem Abgrund neue Wurzeln in den Fels schlägt. Wir werden Menschen sein reicher als vorher. Ist das Lüge? Nein. Ich glaube daran. Fast möchte ich sagen: wir sind auserwählt, über andre Menschen erhoben.

Elisa (fast singend und lachend).
Ja, fast möchte auch ich nicht mehr wünschen, daß du Augen hättest, so sehr fühle auch ich, wie wir jetzt mehr zusammenwachsen werden als jemals.

Wacholder.
Sieh, ich Narr: fast hebe ich die Beine, um zu tanzen. Ins Haus! Jetzt kann dies mein Haus sein. Jetzt nehme ich Besitz von Türen und Treppen. Freund werden mir sein die Tische und Schränke und die geheimnisvollen Wege dazwischen. War ich feige vor dem anders gewordenen Leben? Höre Gott: wenn du mich im Zorn geschlagen hast, wenn es weiter dein Wille ist, mich zu verfolgen mit

Schaden — so nehme ich den Kampf auf, so sei Kampf, so schaffe ich Freude aus allem, womit du mich schlägst.

David (kommt).
Komm doch, Bruder, ich halte es nicht länger aus ohne dich. Du hast erst zwei Worte mit mir gesprochen. Ich habe ja auch Gefühl für dich.

Wacholder.
Schon kommen wir. Aber daß es dich so drängt nach mir, nimmt mich ein wenig wunder.

David.
Ich verstehe, worauf du anspielst. Wenn wir uns auch ein wenig fremd geworden waren die letzten Jahre, ja, um immer die Wahrheit zu sagen, uns wohl einer den andern zu meiden suchten: jetzt, denke ich, ist jede Schranke zwischen uns gefallen.

Wacholder.
Ich bitte dich ein für allemal, und du hättest es wohl von selbst fühlen können: daß ich zurückgekehrt bin blind, das allein sollte auch nicht die mindeste Änderung zwischen uns begründen. Ohne Augen — bin ich derselbe Mensch wie früher.

David.
Dein Unglück — ich nenne es so, dich zu ehren, auch wenn du es ablehnst — ist doch Grund genug, daß wir versuchen, uns mehr zu werden.

Wacholder.
Vielleicht wächst es von selbst aus uns auf.

David.

Ich will dir nach allem diese Gleichgiltigkeit nicht übelnehmen.

Wacholder.

Dich hatte ich vergessen — ich muß es gestehn. Du bist ja auch im Haus. Dieses Haus, das ich mein dachte, ist auch dein Haus.

David.

Es ist das Haus unserer Mutter.

Wacholder.

Du bist krank und darum hier?

David.

Ich habe nicht so viel Recht wie du auf diesen Garten.

Wacholder.

Mehr Recht, denn du siehst ihn.

David.

Du trägst dein Schicksal mit Kraft. So hebst du es auf. So bist du mir wieder gleich.

Wacholder.

Triumph? Triumph in deiner Stimme? Stich dir die Augen aus. Versuche wie es ist, dieses Schicksal — dann rühme mich. Laß mich, Elisa, ein Wort allein sprechen mit meinem Bruder.

Elisa.

Unfroh geb ich dich von mir. Aber ich weiß, dein Herz ist ein Kompaß, erschüttert: immer findet die Nadel den Pol. Hier, halte dich an der Lehne der Bank. (Sie geht.)

Wacholder.

Wir zwei sind nie gut miteinander ausgekommen. Du hast mich immer gering geachtet, weil ich tätig war, ins Leben hineingestellt, in den Sturm hineingeworfen — du aber der Dichter warst, müßig wie ein Fürst, abseits, träumend auch am Tag.

David.

Wahrhaftig, wir wollen darum ringen, daß es anders wird zwischen uns.

Wacholder.

Ich habe um wichtigere Dinge zu ringen. Nimm es mir nicht übel: später vielleicht, später vielleicht. Erlaube mir jetzt nur eine Frage: wie lange gedenkst du im Haus hier zu bleiben? Du sagtest, du bist nicht krank.

David.

Doch, nenn mich krank.

Wacholder.

Du gehst umher, ausschreitend. Ungetrübt ganz ist deine Stimme. Wann wirst du dich gesund nennen?

David.

Ich wiederhole: dies ist das Haus der Mutter. Sie hat es gekauft, damit wir alle hier eine Insel haben.

Wacholder.

Nicht den andern, aber dir — ich spreche es aus — gönnte ich mein Los. Nicht von dir kann ich es ertragen, daß du hier einhergehst und stehst.

David.

Wahrhaftig, man muß Nachsicht unermeßlich mit dir haben. Auch deine Seele ist blind gemacht – die Schwester hat recht.

Wacholder.

Fühlst du nicht, daß du mir eine Bürde zu dem andern auflädest? Wäre es nicht eher angebracht, mir abzunehmen von meiner Last?

David.

Was steckt hinter dieser hartnäckigen Erregung?

Wacholder.

Du hast Augen, sie zu sehen.

David.

Deine Frau?

Wacholder.

Ich muß sicher sein im Besitz. Fühlst du es nicht aus dir selbst? Ist es nötig, daß ich es dir mit rohen Worten sage?

David.

Ich verstehe dich noch nicht ganz.

Wacholder.

Du siehst meine Frau. Du kannst sie nicht sehen, ohne sie zu verlangen. Rede mir, unter Männern, nichts anderes vor.

David.

Ich habe deine Frau noch nicht anders angesehn, als die Frau meines Bruders.

Wacholder.

Du verlangst sie. Früher – gut, ich war da. Jetzt aber, ohne Augen – kann ich mich nicht wehren.

David.
Ich bin bestürzt, ich kann dir nichts antworten.

Wacholder.
Weil du dich bei der Wahrheit gepackt fühlst.

David.
Ich hätte es ja leichter gehabt vor deiner Ankunft.

Wacholder.
Warum hier Worte? Du hast Angen, gehst umher, die Erde ist dein — du bist so unendlich bevorzugt: wie erträgt es dein Feingefühl, dennoch mit mir zusammen zum Kampf anzutreten um ein Weib?

David.
Ich sage es dir: deine Frau ist mir Schwester. Weniger: wir sind uns im Grund sogar fremd geblieben.

Wacholder.
Ich bitte dich, geh bald aus diesem Haus.

David.
Soll ich deinem Verdacht recht geben, indem ich es tue?

Wacholder.
Ich fordere nur eins: geh noch heut aus diesem Haus.

David.
Nein, nicht alles darf man dir nachsehen. Du hast nicht das Recht, auch wenn du blind bist, andere zu kränken, alles von andern zu verlangen. Auch ich — wenn noch

jemand außer dir Ich sagen darf — bin krank. Krank, auch wenn ich einhergehe. Krank von dieser Welt. Ich habe es zu keinem Beruf gebracht wie du, obwohl du mich oft einen leichtfertigen Menschen schaltest. Ich habe mich hinweggehoben von den Menschen wie du. Es hat mich zurückgeschlagen aus der Einsamkeit der Wälder wie dich. Ich habe mich geflüchtet in dieses Haus. Ich habe nicht die Kraft, auch nur einen Schritt vor dieses Haus hinaus zu tun. Ich habe Mutter und Haus eben so nötig wie du.

Wacholder.

Hüte dich. Ich höre den entferntesten Schritt. Die heimlichste Tür. Jeden Atemzug. Du stehst in keinem Winkel unentdeckt.

David.

Du wirst bald gerechteren Sinnes werden.

Wacholder.

Hüte dich.

David.

Laß mich dich ins Haus führen.

Wacholder.

Ich finde allein hinein. (Er tastet verkehrt.)

David.

Hier, Josef, geht es zur Tür.

Wacholder.

Hüte dich.

Zweiter Aufzug.

Nachmittag. Garten. Bank.

Mutter (kommt).

Wie stehst du aus? Nach den ersten Stunden des Wiederfindens, wenn auch eines solchen Wiederfindens — stehst du weinend?

Elisa.

Geh vorüber. Frag nicht.

Mutter.

Ist dir mein Sohn dennoch schrecklich geworden?

Elisa.

Ich kann zu dir nicht sprechen.

Mutter.

Wenn er von mir fort zu dir gegangen ist — jetzt zeige, daß du wert bist, ihn zu besitzen.

Elisa.

Besäße ich ihn! Auch im Zimmer allein, hat er sich meinem Kuß versagt. Ich habe umsonst darum gerungen, umsonst alle Scham von mir getan.

Mutter.

Sein Stolz. Er fürchtet immer noch, daß dein Gefühl nur Mitleid sei. Er will kein Geschenk. Er kann kein Bettler sein.

Elisa.

Dir, neben der ich immer hergelebt habe, nähend, am Herd, Gleichgiltiges sprechend, dir, jetzt zum ersten Mal tu ich mein Herz auf, bekennend: ich liebe deinen Sohn. Ich liebe ihn, auch wenn er blind ist. Glaubst auch du mir nicht?

Mutter.

Er muß es glauben. Auf ihn allein kommt es an.

Elisa.

Was soll ich tun?

Mutter.

Hat er je an mir gezweifelt? Habe ich je gefragt: was soll ich tun?

Elisa.

Ich frage dennoch.

Mutter.

Ach, du kannst nichts tun. Liebe kann nichts tun. Sei so, daß er glaubt. Kommt es nicht durch dein Sein allein, dann helfe der Himmel euch beiden.

Elisa.

Jetzt in dieser goldenen Welt, golden, weil er zurück ist stehe ich hilflos, auch von dir allein gelassen.

Mutter.

Wie soll ich dir helfen? Du fühlst ihn nicht. Es ist sein schönster Stolz: er ist mein Sohn.

Elisa.

Nein, es ist nicht mehr sein Stolz. Es ist etwas anderes geworden, ganz Entsetzliches.

Mutter.

Von was sprichst du?

Elisa.

Es ist ein ganz anderer Verdacht in ihn gekommen. Er horcht auf etwas ganz neues.

Mutter.

Sag es doch.

Elisa.

Wie beschämt stehe ich da! Er hat zu argwöhnen angefangen, daß ich ihn hintergangen habe.

Mutter.

Mit wem hintergangen?

Elisa.

Ich weiß nicht, was er sich ausgedacht hat. Aber du hast Augen, du hast jeden Schritt von mir gesehen. Du siehst mein Gesicht. Leg du Zeugnis ab für mich.

Mutter.

Wenn das bei ihm ist: das ist über das Maß. Dann ist Nachsicht ein gefährliches Wort geworden. Dir geschieht Unrecht. Ich stehe für dich ein.

Elisa.

Seinetwegen. Wenn er anfängt, diesen Weg zu gehen, wo soll er enden?

Mutter.

Eurer beider wegen.

Elisa.

Dank. Mutter nenn ich dich. Nie brachte ich bisher das Wort über die Zunge.

Mutter.

Wie ich dich nicht leicht Tochter nannte. Ach, als ich dir meinen Sohn gab, einer fremden Frau, wie oft saß ich dann am Fenster, wartend, den Kopf hin und her drehend, von welcher Straßenseite er herkäme. Wie selten kam er! Doch ich selbst war ja auch einmal für eine andere Mutter eine solche Fremde.

Elisa.

Wenn ich ihm erst ein Kind gebären werde! Damit sich einst das gleiche Schicksal an mir erfüllt. Darum empfindest du Abneigung gegen mich, weil ich in den Kreis der Mütter noch nicht eingetreten bin.

Mutter.

Ich werde Zeugnis ablegen für dich. Aber gewinnen mußt du ihn dir selbst.

Elisa.

Segne mich, Mutter, dazu. Ich trage Verlangen darnach, daß du mich auf die Stirn küssest.

Mutter.

Wenn du ihn dir gewonnen hast, meine Tochter. (Sie geht.)

Elisa.

Auch hier fleh ich umsonst. Ihr seid nicht Menschen. Unter was für ein Geschlecht bin ich geraten? (Sie geht.)

Wacholder (kommt aus dem Haus. Er ist ohne Binde. Auf den Armen trägt er sorgsam das weiße Modell einer Flugmaschine).

Welt! Wie ein Baum fülle ich mich an mit neuen Säften. (Er setzt sich und nimmt das Modell auf den Schoß). Ich strecke die Hände wie Lanzen aus, die Sonne stürzt darüber her. (Er streichelt wie widerwillig das Modell, fühlt es liebkosend nach, legt sein Gesicht daran). Schreie des Lebens, Axtschläge, Sang der Räder, Wiehern der Pferde, ein Kind weint, Tollheit der Vögel, Inbrunst unablässig des Windes — nie gehört, wie ungeheuer alles aufgewacht! Aufgetan endlich sitz ich, die Menschen zu lieben. Aber erst aussondern die, die Liebe nicht wert sind. Erst der Grund, auf dem ich Wurzel schlage, Fels. Erst Wahrheit in der Luft um mich, daß ich atmen kann. (Er horcht). Wer da? Wer ist da? (Er richtet sich starr auf, schreit). Wer ist da? Wer da ist, soll sprechen! Wie furchtbar. Wer ist da?

Benedikt (ist lautlos auf bloßen Füßen gekommen).
Ich.

Wacholder.
Ein Kind? Warum trittst du nicht laut auf den Kies?

Benedikt.
Wo ist der Blinde?

Wacholder.
Der Blinde? Wahnsinn der Eitelkeit! Sieh in mein Gesicht: bin ich nicht rot vor Überhebung? Du erkennst mich nicht? Hier, Knabe, ist der Blinde. Hier sitzt er vor dir. Ich bin es. Hier waren einmal Augen so gut wie deine.

Benedikt (stumm).

Wacholder.
Staunst du? Deshalb bleibe ich doch ein Mensch wie du. Willst du etwas von mir?

Benedikt.
Meine Mutter schickt mich.

Wacholder.
Warum schickt dich deine Mutter?

Benedikt.
Ich soll fragen, ob ich dich an der Hand führen darf.

Wacholder.
Du willst mich an der Hand führen?

Benedikt.
Aber du mußt mir Geld dafür geben.

Wacholder.
Wie heißt du?

Benedikt.
Benedikt.

Wacholder.
Komm her, Benedikt, jetzt halt ich dir die Augen zu. Jetzt bist du wie ich. Fürchtest du dich?

Benedikt.
Nein.

Wacholder.
Du mußt mir ins Gesicht sehn. Hierher, auf diese weißen Kugeln. Ich muß wissen, ob du dich davor entsetzest.

Benedikt.
Nein.

Wacholder.
Siehst du auch genau hin?

Benedikt (lacht).

Ja.

Wacholder.

Herrlich, du stehst hin und lachst. Du bist Leben. Dich kann ich gebrauchen.

Benedikt (nimmt Wacholder bei der Hand).

Komm.

Wacholder.

Auch vor meiner Hand hast du nicht Furcht? Du bist der Richtige. Jeden Morgen komme von nun an und führe mich an der Hand. Bis ich Garten, Türen und Wege kenne.

Benedikt.

Ich kenne alle Wege.

Wacholder.

Weißt du aber auch, mein Benedikt, warum ich gern ein Kind will als Führer? Weil ich mich schäme vor den Großen, unbeholfen zu sein. Versprichst du mir, nicht zu lachen, wenn ich in die Luft fasse statt an die Türklinke? Wenn ich den Kopf rechts drehe, während du mir etwas links zeigst? Führe mich auch nicht an Hunden vorbei, daß sie nicht bellen. Auch nicht an Knaben, sonst werfen sie uns mit Steinen.

Benedikt.

Dann werfe ich wieder.

Wacholder.

Recht so, Benedikt. Es wird dir die Zeit nicht lang werden bei mir. Ich werde dir erzählen. Geschichten.

Benedikt.

Komm. Magst du an den Rhein?

Wacholder.

Halt. Ich habe dir noch etwas zu sagen. Ist jemand im Garten?

Benedikt.

Nein.

Wacholder.

Sieh genau.

Benedikt.

Nein.

Wacholder.

Hör gut zu. Du hast bei mir noch mehr zu tun, mein Benedikt, als nur auf Steine aufzupassen. Kennst du zum Beispiel den Mann, der außer mir hier im Hause wohnt?

Benedikt.

Ja.

Wacholder.

Das ist mein Bruder. Er ist durch zu viele Bücher in tiefe Gedanken geraten, verstehst du? Er könnte sich verirren auf den Wegen, verstehst du das, und nicht heimfinden. Darum muß man auf ihn achtgeben. Willst du das tun? Willst du immer darauf merken, zu welcher Stunde er geht, auf welchen Baumstamm oder Grasfleck er sich hinsetzt, welchen Weg er zurückkommt? Aber er darf dich nicht wahrnehmen.

Benedikt.

Ja.

Wacholder.

Und mir immer erzählen, was du gesehn hast?

Benedikt.

Ja.

Wacholder.

Ich werde dir außer den schönen silbernen Geldstücken, die du deiner Mutter bringst, alle Sonntage etwas kaufen. Peitsche, Pfeife, süße Sachen. Du darfst dir selbst aussuchen in den Schaufenstern.

Benedikt.

Schenk mir das Ding da in deinem Schoß.

Wacholder.

Das einzige, was du nicht haben kannst. (Er zerbricht das Modell.)

Benedikt.

Wie schade!

Wacholder.

Von mir, was nicht Fels ist. (Er wirft die Stücke fort.) Aber hör: da ist noch eine Frau im Haus. Die junge, meine ich, die ganz blonde. Ich werde sie dir zeigen.

Benedikt.

Die kenne ich gut. Sie schenkt mir Äpfel und Birnen.

Wacholder.

Auch auf diese Frau mußt du achtgeben. Noch mehr als auf den Mann. Es ist, als wenn du Indianer spieltest, verstehst du? Immer in einiger Entfernung hinter ihr her, auf den Fußspitzen, hinter Bäumen. Sie darf dich nicht sehen, aber du mußt alles sehn. Wirst du das können?

Benedikt.

Ja, ja, ja.

Wacholder.

Weißt du, mein kleiner Benedikt, es ist, weil ich keine Augen habe und doch gern wissen möchte, wie es um mich aussieht. Deine Augen müssen von nun ab meine Augen sein. Aber das verstehst du, du bist ein kluger Benedikt.

Benedikt.

Wenn aber beide zusammengehn?

Wacholder.

Dann holst du mich. Dann schleichen wir zusammen hinterher, überraschen sie. Haben zu lachen. Zusammen gehn? Wie kommst du darauf?

Benedikt (stumm).

Wacholder (überheftig).

Hast du sie zusammengesehn? Gestern, vorgestern? Letzte Woche? Im Wald?

Benedikt (stumm).

Wacholder.

Sag doch.

Benedikt (stumm).

Wacholder.

Warum sprichst du nicht? Fürchtest du dich? Jetzt, wo es ernst wird für mich, wo du etwas sagst, auf das alles für mich ankommt — jetzt wirst du mit einem Mal stumm? War ich zu heftig? Was hast du? Sprich.

Benedikt (beginnt zu weinen).

Wacholder.

Nicht weinen. Bist mein Benedikt. Mußt nicht Furcht haben vor mir. Wahrhaftig, da ist sein Gesicht naß von Tränen. Ruhig, mein Knabe, ruhig.

Benedikt.

Es kommt jemand.

Wacholder.

Geh in den Garten. Such dir Beeren. Verkriech dich im Busch. Träum dir Märchen.

Benedikt (geht).

Wacholder.

Er hat sie zusammen gesehn.

David (kommt).

Guten Morgen, Josef. Wie befindest du dich?

Wacholder.

Wohl. Du siehst es. Ganz wohl erst, wenn ich deiner Verzeihung sicher bin.

David.

Wofür? Ich setze das, was du heute früh sagtest, ganz auf Rechnung deiner Überempfindlichkeit, wie sie dein Schicksal mit sich gebracht hat.

Wacholder.

Ja, jetzt ist Ruhe in mich gekommen. Sieh, meine Hand, wenn ich sie ausstrecke, bleibt jetzt ganz ohne Zittern. Kurz, David, ich bitte dich jetzt, denk nicht etwa an Abreise, sondern bleibe hier.

David.

Ich freue mich für dich, daß du zur Einsicht gekommen bist.

Wacholder.

Freu dich für dich und sag, daß du bleibst.

David.

Ich bleibe.

Wacholder.

Übrigens sei unbesorgt: ich werde nicht etwa acht haben auf dich. Tu unbekümmert, was du willst.

David.

Ich verstehe dich nicht ganz.

Wacholder.

Ich will nur sagen: rechne nicht etwa mit einem Mißtrauen, das bei mir zurückgeblieben wäre. Setz dich, wohin du willst. Bleib aus, solang du willst.

David.

Mir scheint vielmehr, es ist immer noch Argwohn in dir.

Wacholder.

Du hörst, daß ich das Gegenteil sage. Fühl dich in allem ganz unbeobachtet. Genug davon.

David.
Nein. Ich glaube vielmehr gerade herauszuhören, daß du vorhast, mich sehr genau zu beobachten. Ja, wahrscheinlich lockst du mich gerade deshalb zu bleiben, damit du Gelegenheit hast, mich zu beobachten. Als du mich in der Früh fortjagtest, hatte die Leidenschaft dich überwältigt. Jetzt bist du nicht ruhiger geworden, sondern du bist nur soweit gekommen, daß du wieder beherrscht deinen Zweck verfolgen kannst. Aber du bist blind genug, dich selbst zu verraten.

Wacholder (wie zu sich selbst).
Was sagst du da?

David.
Ich sage, was mir scheint. Aber ich sage auch, daß ich gleichwohl bleibe. Beobachte nur jeden Schritt von mir — ich gehe nirgendwohin, wohin ich nicht dürfte.

Wacholder.
Aber was sagst du da?

David.
Vielleicht handelt es sich um Unbewußtes bei dir. Gleichviel: ich bleibe.

Wacholder.
Ja, bleibe, bleibe ganz unbesorgt.

David.
Unbekümmerte Menschen um dich, die deine kranken Einfälle nicht schwer nehmen: das wird dich am ehesten heilen. (Er geht.)

Wacholder (allein).

Die Wahrheit wird mich heilen. Schon hebt sie sich auf. Hauch von Kommendem bläst mir über die Stirn. Was für ein Mann sitzt hier? Ein Mann, Bruder geworden aller Verratenen. Kommt in meinen Garten, ihr Getäuschten: ich, blind, sehe schärfer. Kommt, ich will mit Rastlosigkeit verfolgen alle, die sanft unter den Menschen gehn und Diebe sind. (Er horcht.) Ist jemand da? Nein, schon brauche ich nicht mehr zu fragen. Schon habe ich gelernt. Und wenn ihr auf Zehen schleicht, wenn ihr euch versteckt hinter Hauswänden: ich werde euch spüren mit einem neuen Sinn in mir, den ich nicht nennen kann. Aber lassen sie mich nicht all zu lang hier allein? Ich begnüge mich nicht damit, daß ihr mich hierher setzt, Sonne auf den Händen, Wind im Haar. (Er ruft.) Mutter!

Mutter (kommt).

Ich habe gewartet, daß du mich rufst. Hier bin ich. Was kann ich dir tun?

Wacholder.

Ich habe dich etwas sehr Bedeutungsvolles zu fragen.

Mutter.

Frag, mein Josef. Dann habe auch ich mit dir zu sprechen.

Wacholder.

Ich frage dich darnach, ob du bei der täglichen Lebensweise meiner Frau jemals irgend etwas bemerkt hast, was dich verwundert oder gar argwöhnisch gemacht hätte.

Mutter.
Ich sehe, daß wir beide von der gleichen Unruhe getrieben sind.

Wacholder.
Wie? Bricht schon Hilfe herzu?

Mutter.
Sage mir vor allem, warum du fragst.

Wacholder.
Nein. Erst frage ich. Und ich ersuche dich, in tiefstem Ernst, in deinem Gedächtnis nachzusuchen mit der äußersten Anstrengung. Und mir die Wahrheit nicht zu verschweigen.

Mutter.
Frag.

Wacholder.
Geht sie viel aus? Weißt du, wohin? Wann ungefähr immer kommt sie zurück?

Mutter.
Du vernimmst mich wie einen Zeugen.

Wacholder.
Ja, wie einen Zeugen.

Mutter.
Frag erst weiter. Ich werde dir auf alles im Zusammenhang antworten.

Wacholder.
Wie ist, nach der Rückkehr, der Ausdruck ihres Gesichtes? Ist sie stumm oder sehr gesprächig? Dieses letzte wäre ver=

dächtiger. Sitzt sie nachher oder macht sie sich zu schaffen? Vielleicht auffällig viel zu schaffen?

Mutter.

Frag immer weiter.

Wacholder.

Gib gut acht. Kleidet sie sich für ihre Ausgänge mit besonderer Sorgfalt? Wählt sie häufig die gleiche Farbe? Zieht sie leichte Schuhe an auch in Regen oder Schmutz? Geht sie, darauf käme es sehr an, in der Tat auch im Regen aus? Auch wenn keine notwendigen Besorgungen vorliegen?

Mutter.

Ich weiß ja nun schon und ich wußte es von vornherein, worauf du hinauswillst.

Wacholder.

Bietet sie sich häufig an, Gänge für dich in die Stadt zu tun, und, wenn du ablehnst, ist sie enttäuscht? Geht sie dann dennoch? Endlich: geht sie am Abend früh zu Bett, steht sie am Morgen spät auf?

Mutter.

Auf alle Fragen soll ich dir nun antworten wie ein wirklicher Zeuge?

Wacholder.

Ja, du sagst es.

Mutter.

Warum nimmst du mir nicht den Eid ab?

Wacholder.
Ich habe ihn dir abgenommen, dir, meiner Mutter.

Mutter.
Aber es handelt sich hier doch um keine Gerichtssitzung?

Wacholder.
Ja, darum handelt es sich. Es ist Gerichtstag heute.

Mutter.
Dann, Josef, will ich dir etwas sagen. All deine Fragen da — ich lehne es ab, auch nur auf eine einzige dir Antwort zu geben. Wenn du dich auch zum Richter machst, so weigere ich mich, dir einen Polizisten abzugeben.

Wacholder.
Deine Weigerung bestärkt den Verdacht.

Mutter.
Du argwöhnst also, daß deine Frau dich hintergangen hat. Ich aber sage dir, daß deine Frau so rein blieb wie mein ganzes Leben ich, deine Mutter.

Wacholder.
Dein Glaube ist nicht Beweis.

Mutter.
Mit wem, sag mir um des Himmels Willen, mit wem denn soll deine Frau dich hintergangen haben? Sie kennt keinen Menschen in der Stadt.

Wacholder.
Ich weiß von eurer Stadt nichts. Aber was weißt du von den Wegen einer Frau? Eine Frau findet durch ver-

schloffene Türen, sie gelangt lautlos über Treppen, sie geht unsichtbar am hellen Tag durch volle Straßen, geschmeidiger und erfinderischer als ein Einbrecher, fähiger sich zu verstellen als ein Schauspieler.

Mutter.

Entsetzlich, Sohn. Du siehst, da du die Wirklichkeit nicht mehr siehst, Wahnbilder, die du dir selber schaffst. Ich fange an, für dein Gehirn zu fürchten. Laß ab von deinem ganz unsinnigen Verdacht.

Wacholder.

Verdacht? Ich habe dich gefragt nur aus einem Gefühl der Schicklichkeit. Aber ich brauche nicht zu fragen. Verdacht ist längst Gewißheit geworden. Ich, Mutter, blind — sehe in mir schärfer als du mit Augen.

Mutter.

Versündige dich nicht, Joseph, an einem schuldlosen Menschen. Deine Frau — ich will dir gestehn und ich wäre von selbst gekommen, um es dir zu gestehn — deine Frau hat sich mir anvertraut, unter Tränen liegend an meiner Brust.

Wacholder.

Ein Beweis mehr.

Mutter.

Ich gelobte ihr, mein Wort für sie zu verpfänden. Aber ich tue mehr: ich verpfände mein ganzes Herz. Ich nehme dir mein Herz und gebe es ihr, wenn du dein Unrecht nicht erkennst.

Wacholder.

Nie ist Wahrheit Unrecht.

Mutter.

Nie ist deine Wahrheit Wahrheit.

Wacholder.

Nun will ich dir sagen, daß ich jetzt sogar eine zweite Wahrheit entdeckt habe.

Mutter.

Verschweige mir deine Wahrheiten. Ich gedachte, dir hier ein Haus des Friedens zu schaffen. Aber du machst ein Haus des Hasses daraus.

Wacholder.

Haß? Stunde des Gerichts! Die Wahrheit! Die Wahrheit aber ist, daß ich auch dir jetzt nicht mehr traue.

Mutter.

Wie? Jetzt traust du auch mir nicht mehr?

Wacholder.

Du stehst mit ihr im Bunde.

Mutter.

Ich stehe mit ihr im Bunde?

Wacholder.

Ich weiß nicht den Grund, warum du so gegen mich handelst. Doch, ich weiß ihn und ich sage dir ihn: weil du ihn immer mehr geliebt hast als mich.

Mutter.

Ihn. Wen? Von wem sprichst du?

Wacholder.

Ihn. Den Bruder. Dem du immer die Hand ins Haar gelegt hieltest, während ich abseits am Tisch saß, ungestreichelt.

Mutter.

Dies ist so entsetzlich, daß ich nicht vermag, länger hier neben dir zu sitzen, länger dich anzuhören. Ich gehe ins Haus.

Wacholder.

Ja. Es gehört Kraft dazu, die Wahrheit zu ertragen.

Elisa (kommt).

Ich höre, wie immer Entsetzlicheres er aus sich heraus schleudert. Laß mich selbst ihm Rede stehen, Mutter, seine Würfe auffangen mit eigenem Herzen.

Mutter.

Bleib fort von ihm. Es ist noch nicht Zeit, mit ihm zu sprechen, auf die Art, wie Menschen mit Menschen sprechen.

Elisa.

Er leidet unter einem falschen Glauben. Ich muß ihm helfen.

Mutter.

Er muß die Kraft finden, sich selbst zu helfen.

Elisa.

Meinetwegen muß ich sprechen. Ich kann nicht atmen mehr. Ich muß aufreißen die Fenster meines Herzens.

Mutter.

Laß ihn sitzen allein da wie einen Baum, der auch von selbst zu seiner Frucht kommen muß.

Elisa.

Aber auch die Bäume im Garten stützt du vor den Stürmen.

Mutter.

Das ist ja kein Sturm, der von außen kommt. Das ist Gift in ihm. Saft aus seinem eigenen Herzen muß es auffressen. (Sie geht.)

Wacholder.

Nun kommst also du dran? Die Letzte. Aber nun wird es keine Schonung mehr geben. Es ist Gerichtstag heut.

Elisa.

Verhör mich. Wenn du mich schuldlos gefunden hast, werde ich nicht umgekehrt mich zum Richter machen über dich – also fürchte nichts.

Wacholder.

Träume ich? Ist dies alles ein Traum der neuen Welt der Finsternis, in die ich gestürzt bin? Steh nicht demütig, während ich sitze. Sitz neben mir. Leg eine Hand auf mein Knie, daß ich, statt Worte zu hören, den Schlag deines Blutes spüre. Himmel, kann es nicht sein, daß ein Blitz mich sehend macht für eine Sekunde? Daß ich dieses Gesicht sehn kann eine Sekunde?

Elisa.

Umtaste mein Gesicht mit den Händen wie heute morgen. Es tat mir so sehr wohl.

Wacholder.

Ich verfluche diese Finger, die sich wie Raupen anheften und doch nichts erfassen. Hören, ich muß hören. Nicht deine Worte. Den Atem deiner Seele zwischen den Worten muß ich hören.

Elisa.

Frage, ich antworte.

Wacholder.

Sitz dichter an mir. Ach, ich will stumm bleiben, zur Ruhe trinken.

Elisa.

Nein, nicht so kommen wir ans Ziel. Ich fordere, daß du fragst und daß ich antworten kann.

Wacholder.

Ach, was ist zu fragen? Fühl, wie gewaltig mein Herz sein Blut ausschüttet, weil du so dicht neben mir sitzt. Stumm bleiben beide immer. Wie die Tiere uns hinnehmen ohne Nachdenken.

Elisa.

Ich füge mich dir. Vielleicht bist du schon auf dem Weg zur Einsicht. Schon fängt es in mir wieder zu singen an.

Wacholder.

Wie sehn die Bäume aus? Ist schon ein blühender darunter?

Elisa.

Es ist noch nicht so weit. Aber schon brechen die Knospen hier und da aus dem Holz.

Wacholder.

Ist nicht doch ein einziger weiß blühender darunter? Auch in entfernten Gärten nicht? Auf den letzten Felsen nicht? Nicht einer?

Elisa.

Nicht einer.

Wacholder.

Was kümmern mich die Bäume? Betaste mein Gesicht. Mit beiden Händen, wie ich das deine. Schließe die Augen dabei. Daß du bist wie ich.

Elisa.

Das ist deine Stirn — wie heiß. Nichts als deine Stirn will ich tasten. Denn dahinter ist alles, was in dir lebt und wovon ich noch zu wenig weiß. Nein, ich muß die Augen öffnen, ich muß dich ansehn.

Wacholder.

Nicht wie die Tiere, die sich vom Platz erheben und davon schreiten und im Schreiten sich voneinander lösen müssen — wie die Bäume wünsche ich uns. Hier nebeneinander verwurzelt, dieselbe Himmelsbläue trinkend, mit denselben herrlich jungen Blättern behängt, im selben Wind erzitternd.

Elisa.

Nun fange ich an zu hoffen, daß ich doch noch besitzen werde.

Wacholder.

Du weißt das Neue: David bleibt?

Elisa.

Hatte er vor, abzureisen?

Wacholder.

David reist nicht.

Elisa.

Er bleibe oder reise. Verzeihe, daß ich so teilnahmlos von deinem Bruder spreche.

Wacholder.

Ich beklage, daß ihr euch so fremd geblieben seid.

Elisa.

Ich habe vom ersten Tage an, da er kam, nur immer sein Gesicht betrachtet, um das deine darin zu finden. Auch seine Stimme hat Ähnlichkeit mit deiner. Am meisten aber sein Schritt mit deinem Schritt.

Wacholder.

Mit meinem Schritt, wie er früher war. Wenn du jetzt den Bruder hörst, auf der Treppe, im Garten, kannst du dir vorstellen: ich, der frühere, komme daher.

Elisa.

Wie seltsam, daß du diesen Gedanken aussprichst. Gestern hörte ich ihn über den Kies davonschreiten, kurz voll Kraft, ganz so wie du gingst — und ich wartete, daß er zurückkäme, um in seinem Schritt wieder dich zu hören.

Wacholder.

Wie gesprächig wirst du plötzlich, da die Rede auf meinen Bruder kommt.

Elisa.
Die Rede ist auf dich gekommen.

Wacholder.
Die Rede ist auf meinen Bruder gekommen.

Elisa.
Vielleicht, weil so Erlösung kam von der Qual des früheren Gesprächs.

Wacholder.
Verraten! Angeklagte, steh auf!

Elisa (springt auf).
Wie nennst du mich?

Wacholder.
Du hast dich verraten. Nun hast du es selbst ausgesprochen: immer hast du in ihm Erlösung gesucht von mir.

Elisa.
Mit keinem Wort habe ich das ausgesprochen. Was ich gesagt habe, ist: ich habe in ihm immer dich gesucht.

Wacholder.
So lange, bis du uns endlich verwechselt hast.

Elisa.
Ich kann nur noch stumm sein.

Wacholder.
Du verstummst gern, aus Furcht, dich noch weiter zu verraten.

Elisa (stumm).

Wacholder.

Aber, Angeklagte, wenn du glaubst, so billigen Kaufs davon zu kommen, weil ich abwesend war und darum so gut wie blind, und weil ich, zurückgekommen, nun in Wahrheit blind dasitze und dein Gesicht und die Winke deiner Hände nicht sehn kann: so irrst du. Ich habe Licht in mir, von dem du nichts weißt. Mein Licht dringt sogar nach rückwärts. Ich sehe die Bilder deiner vergangenen Tage. Vor mir hingestreckt liegt ein jeder Weg, den deine Füße gemacht haben.

Elisa.

So sag, was du siehst.

Wacholder.

Ich sehe Nachmittage. Er ging aus dem Haus. Du nach. Nicht so bald, daß es auffiel. Nicht so spät, daß du allzuviel von den glücklichen Stunden verlorst. Oft, in Ungeduld, gingst du voran — er nach. Ihr traft zusammen, hinter dem Baum, auf dem Fels, wo ihr versteckt saßet und dennoch jeden Kommenden von weitem saht. Ich sehe den Baum. Gib Antwort, ob ein solcher Baum da steht.

Elisa.

Er steht da.

Wacholder.

Ich sehe Abende. Die Lichter im Haus ausgelöscht, bis auf die kleine Lampe an der Treppenecke. Hängt da eine solche Lampe? Gib Antwort.

Elisa.

Du hast alles gut von deiner Mutter oder deinem Bruder oder fremden Leuten erfragt: auch die Lampe hängt da.

Wacholder.

Ihr hattet bald alle Scham verloren. Du zuerst. Du ließest die Tür deines Schlafzimmers offen. Er aber spürte den Wunsch und kam. Im Haus der Mutter, die nebenan schlief, lagt ihr übereinander geworfen.

Elisa (schreit auf).

Wacholder.

Dann, weil die Mutter eure Wollustschreie hätte hören können, bist du die Treppe hinauf zu ihm geschlichen. Aber da wieder konnte euch die Magd verraten, die auch ihr Zimmer da oben hatte. Du drangst darauf, in dieser Zeit der Teuerung die Magd zu entlassen. Erklärtest dich bereit, alle Arbeit allein zu tun. Du tatest sie auch allein. Du hast dieses Opfer gebracht. Antworte, statt zu winseln: hast du die Magd entlassen?

Elisa (stumm).

Wacholder.

Jetzt wart ihr ungestört. Es blühte im Haus von euch, während draußen die Bäume noch kahl bleiben mußten. Nicht die Mutter sah die niederträchtige Kunst eurer Blicke, die am Tag aneinander vorbeisahen. Bis auf wenige. Sie haben sich nicht in den Weltraum verloren, diese wenigen. Ich habe sie noch erreicht, ich habe sie zurückgeholt, sie sind wieder hier, um uns, im Flur, in allen Zimmern, im Garten. Ich spüre sie auf meiner Haut.

Elisa (stumm).

Wacholder.

Aber dann war noch einer da, der euch unbequem war, der zum Verräter werden konnte: der Hund. Ihr habt ihn aus dem Flur genommen und ihm seinen Platz in der Küche angewiesen. Ihr spracht von Gartendieben und schlosset den Hund draußen an. Aber in seinen Augen hatten sich abgespiegelt eure heimlichen Wege, bei denen er mitlief, eure Umarmungen, euer Schreiten Hand in Hand — obwohl der Bruder nicht blind war und du ihn nicht hättest zu führen brauchen! Ihr bekamt Furcht vor diesen Augen und schafftet den Hund ab. Meinen Hund! Wie wäre er mir entgegengesprungen! Wie läge er jetzt auf meinen Schuhen. Hast du den Hund abgeschafft? Hast du ihn abgeschafft?

Elisa.
In Pflege zu Leuten getan. Weil er die Nächte heulte.

Wacholder.
Weil er euch anklagte. Ich rufe die Bäume an: wenn ich lüge, stürzt mit Stämmen über mich! Aber ihr stürzt nicht. Denn ihr habt zu gut gesehn die Nächte, da diese beiden endlich unter die Sterne gingen, das Zimmer fliehend, das allzu heiß geworden war von Umarmungen. Und wo mein Bett stand, leer, stumm, auch anklagend. Wie? Sind in den Bäumen die Stimmen, die mir in die Ohren flüstern. Sieh dich genau um, ob du Geister siehst. Gute Geister, die Verrat nicht zulassen. Aber alle Wege her aus dem Feld kommen sie, aus dem Gezweig wallen sie — hörst du die Schritte auf den Kieselsteinen? Die Bewegung der Äste? Laß, du erkennst sie doch nicht, die guten Geister. Ich auch wußte früher von ihnen nichts. Aber jetzt höre ich sie. Kein Flüstern. Was sie sagen, wächst aus dem Dunkel endlos strömend in mich hinauf. Mein Dunkel muß ihr Dunkel sein. Ich bin in ihre Welt geraten. Freunde! Brüder! Ihr endlich die wahren Brüder. Gegrüßt.

Elisa (geht ein paar Schritte).

Wacholder.

Halt! Nicht fort von hier, ehe das Gericht zu Ende ist.

Elisa.

Nie werde ich dein Urteil über mich anerkennen.

Wacholder.

Dennoch sollst du es hören. Geh. Aus diesem Haus!

Elisa.

Ich bin ohne Schuld.

Wacholder.

Ich kann den Hund nicht auf dich hetzen. Aber ich werfe dich mit Steinen. Ich fülle die Steine mit Willen, dann werde ich dich treffen.

Elisa.

Ich bin ohne Schuld.

Wacholder.

Aus dem Haus! Aus dem Garten! (Er bückt sich nach einem Stein.)

David (kommt schnell).

Das ist Wahrheit, was die Mutter sagt? Das tust du deiner Frau an?

Wacholder.

Mensch, wollüstig, mitleidlos, heimtückisch! Darum hast du nicht aus dem Haus wollen, um weiter bei ihr zu liegen, ungesehn, auch wenn ich unter demselben Baum saß. Aus dem Haus beide!

David.

Unmensch, glaubst du, weil du ein Unglücklicher bist, andern Menschen ungestraft das Schlimmste antun zu dürfen? Blind? Ich schlage dich in dein blindes Gesicht. (Er schlägt.)

Mutter (ist aus dem Haus gekommen, schreit auf, läuft herbei, schützt Josef mit den Armen).

Wacholder (nach langem Stummsein).

Ich kann dich nicht wiederschlagen. Du brauchst nur einen Schritt zurückzutreten und ich schlage in Luft.

Mutter.

Verzeih ihm, Joseph.

David.

Ich bedarf keiner Verzeihung.

Elisa.

Bitt ihm ab, David.

David.

Eher würde ich ihn noch einmal schlagen. Aber jetzt wird er ja glauben.

Wacholder.

Weniger als je. Um mich glauben zu machen, hast du mich geschlagen. Der letzte Beweis ist erbracht. (Er steht auf.) Geschlagen? Vollzug des Urteils aufgehoben! Erst sollst du kommen und bekennen. Erst sollt ihr beide kommen und bekennen. Noch vor Abend werdet ihr kommen beide und bekennen. (Er geht ins Haus.)

Mutter.

Meine Kinder, wenn ihr schuldig seid, vertraut euch mir an.

David.

Soll ich auch dich schlagen? Ich geh aus dem Haus. Heut noch. Ich schmeiße eure Welt hinter mich.

Elisa.

Dank. Jetzt wird Ruhe in ihn kommen.

David.

Kein freundlicher Abschiedsgruß! Habe ich je mit einem Wort seine Anklage dir zugezogen?

Elisa.

Hab ich je mit einem Blick zu einem solchen Wort dich verleitet?

Mutter.

Warum seht ihr euch nicht an?

David.

Bestell den Wagen, Mutter. (Er geht.)

Elisa.

War ich zu schwach? Jetzt erst fangen Kräfte an, in mich hineinzuströmen. Mein Herz gewinnt Glanz seltsam. Noch vor Abend wirst du mit mir zufrieden sein. Mutter, deinen Sohn — ich halte ihn dennoch zurück unter den Menschen. (Sie geht nach der anderen Seite.)

Mutter (beiden nachrufend).

Warum seht ihr euch nicht an?

Dritter Aufzug.

Im Zimmer. Die Sonne tiefstehend widerstrahlt aus den Möbeln. Eine Geige ist zu hören.

Wacholder (sitzt).

Benedikt (baut an der Erde ein Haus aus Büchern.)

Wacholder.
Siehst du Menschen im Garten?

Benedikt.
Nein.

Wacholder.
Ich höre doch Schritte.

Benedikt.
Niemand.

Wacholder.
Du nicht. Aber ich. In der Luft sind die Schritte. Bald werden sie auf die Erde niederfallen. (Die Geige.)

Wacholder.
Wer spielt?

Benedikt.
Der Blinde.

Wacholder.
Wie? Hier sitzt der Blinde.

Benedikt.

Der andre Blinde. Der in den Gärten spielt. Sie werfen ihm Geld aus den Fenstern.

Wacholder.

Der andre Blinde? Fort. Aus dem Garten.

Benedikt.

Soll ich ihm Geld bringen?

Wacholder.

Ein andrer Blinder? Hol ihn herein.

Benedikt (läuft).

Benedikt (kommt zurück, den andern an der Hand, der bartlos ist und das Aussehen eines jungen Lehrers hat).

Pracht (steht verlegen).

Ein Blinder.

Wacholder.

Zwei Blinde.

Pracht.

Ein gänzlich Blinder, Herr.

Wacholder.

Nicht gänzlicher blind als ich.

Pracht.

Wie, Herr?

Wacholder.

Einen Stuhl her, Benedikt!

Pracht.
Auch blind, Herr?

Wacholder.
Neben mich, Herr.

Pracht.
Ich habe nicht viel Zeit. Ich muß Geld verdienen auf dieser Welt.

Wacholder.
Verdiene dir Dank eines Menschen.

Pracht.
Eine Minute. (Er setzt sich.)

Wacholder.
Bruder, gib deine Hand.

Pracht (gibt sie).

Wacholder.
Wie heißt du?

Pracht.
Johannes Pracht.

Wacholder.
Hast du keine Furcht, Johannes Pracht?

Pracht.
Furcht? Vor wem?

Wacholder.
Ich sitze hier, zitternd über den ganzen Leib wie ein Pferd nachts im Wald. Ich habe nicht den Mut, die Hand aus=
zustrecken.

Pracht.

Warum Furcht?

Wacholder.

Hast du nie davon gehört, daß Hunde bisweilen etwas sehn, was Menschen nicht sehn? Der Hund steht von der Erde auf, sein Fell sträubt sich, er sieht etwas an, winselt wie vor dem Tod. Aber es ist nichts da als Luft.

Pracht.

Davon habe ich nie gehört.

Wacholder.

Ich finde nicht den Mut, von diesem Stuhl aufzustehn. Wenn ich aufstehe, hebt sich der Boden unter mir. Die Wände bauen sich vor. Die Türen stürzen mich ins Nichts. Die Treppenpfosten schlagen nach mir.

Pracht.

Hier, leg eine Hand auf mein Knie.

Wacholder.

Darf ich dein Gesicht antasten? Ich möchte mich vergewissern, ob du in Wahrheit blind bist? (Er tastet.)

Pracht (lacht).

Warum ziehst du die Hand fort wie von Feuer?

Wacholder.

Verzeih. Es schauderte mich plötzlich.

Pracht.

Wie lange blind bist du?

Wacholder.
Schon acht Wochen.

Pracht.
Schon? (Er lacht laut.) Dann gehörst du ja noch zu den andern.

Wacholder.
Wie lange du?

Pracht.
Immer.

Wacholder.
Von Mutterleib an?

Pracht.
Du brauchst nicht zu flüstern, es ist nicht so schrecklich.

Wacholder.
Du hast also nie gesehn?

Pracht.
Ich wünsche es auch nicht.

Wacholder.
Du wünschst es nicht einmal?

Pracht.
Ich sage nicht nur so. Es ist so.

Wacholder.
Aber das Licht? Hast du keine Sehnsucht, einmal das Licht zu sehn?

Pracht.

Nein. Es hat ja auch der Vogel keine Sehnsucht, unter Wasser zu schwimmen. Der Fisch nicht, zu fliegen.

Wacholder.

Das ist nicht so. Der Mensch ist doch bestimmt, zu sehen.

Pracht.

Ist er? Darüber habe ich oft nachgedacht. Vielleicht sind Augen Zufall. Vielleicht leben auf andern Sternen Menschen ohne Augen.

Wacholder.

Es tut gut, Johannes Pracht, die Hand auf deinem Knie zu halten. Du mußt eine sanfte Welt in dir haben. Werde ich auch so sein?

Pracht.

Ach, ihr werdet aus dem Mutterleib genommen, seht in das weiße Licht, das euch blendet, ein paar Jahre lang, dann müßt ihr wieder in das Schwarz. Ich gehe aus dem einen Schwarz in das andere ohne diesen grellen Schmerz dazwischen. Es geht sanfter bei mir.

Wacholder.

Sag doch nicht ihr. Ich gehöre zu dir.

Pracht.

In acht Jahren vielleicht wirst du zu mir gehören.

Wacholder.

Zu Haus? Sitzt du allein?

Pracht.

Da sind zwei Katzen.. Wenn ich spiele, sitzen sie auf meiner Schulter und machen mir den Arm müde. Aber ich habe nicht den Mut, sie hinunterzujagen. Da ist auch noch der alte Mann, der mich führt. Er schimpft, wenn ein Tag zu wenig Geld bringt. Aber er liest mir Bücher vor. Er begreift sie nicht. Aber ich tauche jedesmal wie aus dem Paradies daraus zurück.

Wacholder.

Wie alt bist du?

Pracht.

Ich weiß es nicht.

Wacholder.

Weißt du es wirklich nicht?

Pracht.

Nein. Es geht ein Tag um den andern hin.

Wacholder.

Ich höre an deiner Stimme, daß du jung bist. Was ist mit dir und den Frauen?

Pracht.

Worüber noch muß ich dir Rede stehn? Ich muß jetzt fort.

Wacholder.

Nur darauf antworte noch.

Pracht (nach einiger Zeit leise).

Wenn du es wissen mußt: da war einmal eine. Sie lebte bei mir, hatte ihr Bett in meinem Zimmer. Wenn sie ausging, fing ich an zu frieren, als ob plötzlich ein Eiswind durch das Fenster geblasen käme. Obwohl sie doch manchmal ausgehn mußte, einkaufen, Milch, Brot und so. Aber es war, als ob sie jedesmal in das Nichts hinausginge. Mich überfiel die entsetzliche Furcht, daß sie einmal nicht wiederkommen könnte. Daß sie verschluckt werden könnte vom großen Schwarz und ich umsonst nach ihr riefe. Und die gemeine Furcht, die dann anfing.

Wacholder.
Was für eine Furcht fing dann an?

Pracht.
Die Furcht, daß sie anderswo hinginge, als sie vorgab. Wie ein Tier schrie ich dann im Zimmer.

Wacholder.
Erzähl weiter.

Pracht.
Genug. Meine Geige. Mehr ist nicht nötig. Sie ist immer bei mir. Selbst des Nachts liegt sie auf einem Stuhl so nah, daß ich sie vom Bett erreichen kann. Sie versteht mich. Ihr kann ich mehr sagen als dir. Es ist auch nicht so, als ob sie spielen müßte, wie ich greife. Sondern sie reißt mich fort, dann muß ich greifen wie sie will. Wie mühsam ist es, mit Menschen zu sprechen. Sie und ich, wir schwingen. Sprache von einer andern Welt, weißt du, die irgendwo sein muß. Menschen? Sie und ich, wir zwei. Mehr ist nicht nötig. (Es klopft ans Fenster.)

Wacholder (umklammert das Knie des andern).

Pracht.
Der alte Mann draußen will nicht länger warten.

Wacholder.

Ein Wort noch. Ich muß dir etwas gestehn. Hier ist eine Frau im Haus.

Pracht.

Ich weiß. Eine Stimme, die von tief aus ihr herauf kommt.

Wacholder.

Diese Frau hat mich verraten.

Pracht.

Woher weißt du?

Wacholder.

Es ist so. Ich habe es in mir. Das Gefühl davon ist in mich getan. Es ist.

Pracht.

Armer Mensch, wie nah ist dein wirkliches Glück, und wie immer weiter entfernst du dich davon! Nicht wissen: das ist das Glück.

Wacholder.

Aber ich weiß.

Pracht.

Wie schön wäre es, wenn du nicht wissen wolltest!

Wacholder.

Wahrheit! Sonst stürz ich aus der Welt. Sonst kann ich dem Erdboden nicht mehr trauen.

Pracht.

Kram der Menschen! Wenn du nicht wissen willst, wie stark bist du dann. Dann spürst du die Steine nicht mehr an deinen Schuhsohlen, dann schwebst du, hast Flügel.

Wacholder.

Wahrheit! Ich Blinder muß aus der Luft trinken Wahrheit, sonst erstickt mich die Luft.

Pracht.

Wahrheit! Was weißt du denn, wenn du Wahrheit weißt? Die letzte Wahrheit, von der wissen die Sehenden nichts und die Blinden nichts. Leb wohl.

Wacholder.

Geh doch! Nicht wissen? Sieh an, so bequem machst du dir das Leben? Aus meiner Luft, ihr Bequemen!

Pracht (ist fort).

Wacholder.

Nicht wissen? Benedikt, hast du diesen Menschen schon einmal gesehn?

Benedikt.

Schon oft.

Wacholder.

Hast du keine Furcht vor ihm?

Benedikt.

Nein.

Wacholder.

Das ist kein Mensch wie wir andern. Weißt du genau, daß er in einem Haus wohnt? Hast du sein Haus gesehn? Hast du ihn in sein Haus hineingehn sehn?

Benedikt.

Ich will in den Garten.

Wacholder.

Ich muß hier warten im Zimmer.

Benedikt.

In den Garten.

Wacholder.

Du willst mich allein lassen? (Er tappt und reißt Benedikts Hand an sich.)

Benedikt.

Du tust mir weh.

Wacholder.

Siehst du meine Frau im Garten? Siehst du meinen Bruder im Garten?

Benedikt (schlägt auf Wacholders Hand und entläuft).

Wacholder.

Benedikt! Benedikt! (Er sitzt an den Stuhl geklammert.) Nicht wissen? Was hat mich da angerührt? Was hat mich da Neues angerührt? Ach! Wie? Ich höre ihre Schritte ja. Sie kommen.

Elisa (kommt, schnell, wie verfolgt, mit einem Arm voll Blumen).

Mutter (sogleich hinter ihr her).

Warum machst du dich davon vor mir?

Elisa.

Habe ich mich davon gemacht vor dir? Ich ging nur den Zaun entlang und pflückte diese Blumen.

83

Mutter.

Blumen? An einem solchen Tag! Du sangst auch.

Elisa.

Sang ich? Ja. Dann sang ich, weil es in mir angefangen hat, hell zu werden. Josef, ich bin gekommen. Josef, da ist doch etwas zu bekennen.

Wacholder (der auf seinen Stuhl zurück ist).

Die erste!

Elisa.

Wenn es auch nicht das ist, was du dir erwartest.

Wacholder.

Die erste.

David (kommt).

Der Wagen fährt vor. Leb wohl, Mutter.

Mutter.

Sohn, ist da nicht doch etwas, was du zu sagen hast?

David.

Nichts ist zu sagen.

Mutter.

Ich habe Augen. Ich sehe dein Gesicht. Ich sehe doch, daß du gekommen bist, den Mund aufzutun. (Sie hält ihn an der Hand fest.)

David.

Nichts mehr ist zu sagen. (Er will sich los machen.)

Mutter.

Josefs Augen sind auf mich übergegangen. Wie deutlich sehe ich jetzt erst! David, Elisa, wie habt ihr immer vermieden euch anzusehn, wenn ihr euch zu Tisch setztet! In was für einer seltsamen Stummheit habt ihr immer auf der Bank gesessen! Wenn ihr durch den Garten gingt, wie merkwürdig hieltet ihr immer die Gesichter gesenkt! Die Augen des Hundes, welch rätselhaftes Wissen war immer hinein verschlossen! Das Gesicht der Magd, welch unerklärlicher Hohn sah immer daraus!

David (reißt sich von der Hand der Mutter los).

Ja! Es ist noch etwas zu sagen. Darum komme ich. Um die Brust aufzureißen komme ich.

Wacholder.

Der zweite. Aber Elisa hat das erste Wort.

David.

Was kann Elisa hier sagen?

Wacholder.

Geduld! Ihr werdet beide angehört.

David.

Bruder, allzu sehr Mensch war ich. Ein Mensch mit Augen. Ich sah, daß deine Frau schön war.

Wacholder.

Blond, blond, blond.

David.

Ich hatte ja Zeit zu sehn. Wohlgefühl hatte ja Zeit, Versuchung zu werden. Fluche mir, daß ich meine Augen nicht abwandte, als ich sah, wie schön deine Frau war.

Wacholder.
Halt dich nicht zu lang auf mit Vorbereitung.

David.
Verstehe mich! Ich war dabei, im Meer des Lebens zu versinken. Ich streckte die Hände nach Ufer aus. Um mich zu retten, hing ich mich ans Bild deiner Frau an.

Wacholder.
Komm gleich zum letzten.

David.
Was nützt es dir zu wissen, daß ich manchmal lag im Garten hingeworfen und ihren Namen atmete in die Erde? Daß ich, ein Kind, angriff Gras, weil sie zu berühren mir verwehrt war? Daß ich trank, ein Irrsinniger, mit meinem Mund den Stein, auf den ihr Schuh getreten war? Ein Geheiligter! Von guten Mächten angestiftet. Von guten Mächten begünstigt. Die Wände des Hauses waren vor mir fortgenommen. Ich trug das Dach auf den Händen und schwebte mit ihr über den Menschen. Im Lichtkreis ihres Haares blieb ich, leuchtend, auch wenn Türen zwischen uns waren. Wenn ihre Stimme auf der Treppe zu singen anfing, dann hielt ich mich an den Wänden, durchhallt vom Mitgesang aller Felsen.

Elisa (sinkt nieder und kauert auf den Knien, das Gesicht in ihren Schoß gewühlt).

Wacholder.
Was redest du lang? Das letzte!

David.

Was noch? Ein Nachmittag. Unsere Schritte nebeneinander hin. Korn rührte ans Knie. Wind trieb Haar ins Gesicht. Ich sprach. Worte, nie aus mir gekommen. Neue Welt. Wir saßen. Auf Fels. Unter Baum. Sie bückte sich über mich, suchte in meinem Gesicht das deine. Ihre Brust atmend rührte an meine. Da fiel die Trunkenheit meinen Herzschlag an, die heut noch darin tobt und immer darin toben wird.

Wacholder.

Die Nacht. Sprich von der Nacht.

David.

Die Nacht? Die Nacht stand ich vor ihrer Tür. Ihren Atem hören. In einer Welt mit ihr sein. Aber so laut prasselte das Blut in den Ohren, daß ich taumelte. Legte ich die Hand auf die Klinke? Dann war es, um mich daran zu halten.

Wacholder.

Aber die nächste Nacht, Bruder?

David.

Gibt es noch Tag und Nacht? Ich lebe auf dem Grund eines Meeres. Ich höre eure Schritte nicht. Deine Stimme hallt von fern. Ich bin getragen von Flut. Ihr umkreist mich. Unauslöschlich steht nur die eine Sonne.

Wacholder.

Die nächste Nacht!

David.

Die nächste Nacht stand ich in ihrem Zimmer? Vor ihrem Bett? Ja, Bruder, ich stand und legte die Hand auf

87

ihre Brust. Bruder, ich legte die Hand auf die Brust deiner Frau, die schlief. Jetzt weißt du alles.

Wacholder.
Das dein ganzes Geständnis?

David.
Als du dastandest blind: wie gewaltig war mein Mitleid! Ich hätte in Tränen hinbrechen können, ein Kind. Dennoch schrie Triumph in mir. Wie Blitz durchschnitt es mich, daß ich dir nun überlegen war. Das ist meine Schuld.

Wacholder.
Gut gesehn! Habe ich nicht gut gesehn?

David.
Zu viel gesehn.

Wacholder.
Bist du wirklich so heilig geblieben? Elisa!

Elisa (stumm).

Wacholder.
Elisa schweigt?

David.
Elisa? Elisa muß einen Panzer aus Glas um sich gehabt haben. Sonst hätte sie nicht gehn können so kühl durch Luft, die entzündet war.

Wacholder.
War Elisa so kühl?

Elisa.

Hätte Elisa kühl sein können? Der Frühlingshimmel. Die ersten Blumen. Ich allein. Heute allein. Morgen allein. Ein Mensch kam, dir ähnlich.

Wacholder.

Der Nachmittag kam. Sprich von dem Nachmittag.

Elisa.

Von dem Nachmittag? Von dem Nachmittag ist nicht viel zu sprechen. Ohne Wunsch saßen wir im Gras. Wir wünschten uns nichts, als daß die Sonne über den Bergen noch bliebe. Wir ließen die Käfer über unsere Hand laufen. Wir sahen zum Baum auf.

Wacholder.

Aber als du zurückgekehrt warst?

Elisa.

An jenem Nachmittag, zurückkehrend, fand ich auf dem Tisch liegen einen Brief von dir. Ich dachte ihn später zu lesen, legte Blumen dazu. Aber ich vergaß ihn. Josef, ich vergaß einen Brief von dir bis zum nächsten Tag.

Wacholder.

Und am nächsten Tag?

Elisa.

Als ich saß im Garten, am nächsten Tag, wuchs aus den Buchstaben deines Briefes ein Gesicht auf. So deutlich, daß ich zitterte und zu einem Busch flüchtete und die Augen hinein versteckte. Dein Gesicht? Nicht dein Gesicht, das Gesicht Davids! Wenn das Schuld ist, vergib.

Wacholder.

Hast du nichts zu sagen von den Nächten? Wenn er stand im Garten und die Augen an dein Fenster hochhing, wie? Standest du da nicht hinter Gardinen versteckt und sahest zu ihm herunter?

Elisa.

Wie gut du stehst! Ja, ich stand. Ich füllte die Augen an mit seinem Bild. Wenn er die Arme hoch warf verzweifelt zu den Sternen, atmete ich Trost in den Nachtwind, daß der Nachtwind ihn hinuntertrage auf seine heiße Stirn.

Wacholder.

Und als er stand vor deiner Tür? Als er stand in deinem Zimmer, als er stand vor deinem Bett? Wie, Elisa? Du schliefest doch nicht?

Elisa.

Als er stand vor meinem Bett und die Hand hielt auf meine Brust — Josef, ich habe nicht geschlafen, ich habe nur die Augen zugehalten, als ob ich schliefe. Als er fortging, auf Zehen die Treppe hinauf, habe ich in mein Kissen gebetet, daß er in der nächsten Nacht wieder da stehn möchte. Wie groß ist meine Schuld!

Wacholder.

Warum ungeheuer in mir baut sich auf das Bild der Treppe?

Elisa.

Alles siehst du? In einer Nacht habe ich geträumt die Treppe. Ich stieg hinauf die Treppe auf Zehen, die Schuhe in der Hand. Hund und Magd hinter mir her. Auch die

Magd wurde zu Hund, beide schnappten nach meinem Kleid. Verzweifelt stieß ich nach ihnen mit den Füßen. Aber wie Schild schlug mich zurück der Schein der Lampe.

Wacholder.
Aber du hast doch dann die Lampe fortgenommen?

Elisa.
Habe ich? Ja, ich bin hinauf die nächste Nacht die Treppe in Wirklichkeit. Ich habe an seiner Tür gehangen, bis das Holz heiß war von meinem Atem.

Wacholder (nach einer Weile.)
Wie schön Menschen, die sich lieben.

David.
Ich, Elisa, klage dich an, daß du dich nicht verschwendet hast.

Wacholder.
Gut gesehn! Wie gut gesehn! Traum habe ich gesehn. Wunsch habe ich gesehn. Ungeborenes im Schoß entdeckt. Sagt ihr noch, daß ein Blinder nicht sehn kann? Gut gesehn! Wie gut gesehn!

Elisa.
Warum, Josef, Trauer plötzlich endlos auf deinem Gesicht als ob das Schlimmste wirklich geschehen wäre?

Wacholder.
Was kommt noch darauf an, was geschehn ist? Seid ihr noch nicht zusammengeweht, so werdet ihr zusammenwehn. Allzu gut gesehn! Ich habe vorausgesehn. Ich habe die Zukunft gesehn. Jetzt ist alles verloren.

Elisa.

Schlecht gesehn! Wie schlecht gesehn! Ich habe nicht aufgehört dich zu lieben.

Wacholder.

Wenn mein Bild in dir nicht Kraft genug hatte vorher, da es für dich Glanz war — wie jetzt, da ich sitze in Ecken hilflos?

Elisa.

Glanz? War dein Bild Glanz für mich? Bist du so sicher, daß dein Bild Glanz für mich war? Wenn du alles so gut siehst, warum siehst du dann nicht die Nächte, da ich allein lag neben deinem leeren Bett? Warum siehst du dann nicht die furchtbaren Stunden, da ich aufwachte vom eigenen Schrei und die Arme vergebens ausstreckte nach deinem Bild? Dein Bild? Glanz? Im selben Augenblick vielleicht hoch aus der Luft zur Erde gestürzt, lagst du da, ein blutiger Fetzen Fleisch. Habe ich dich verraten? Du hast mich verraten!

Wacholder.

Nennst du das Verrat?

Elisa.

Jetzt, Wahrheitsucher, wirst du Wahrheit hören mehr, als du erwartet hast. Jetzt, Blinder, wirst du sehend gemacht. Jetzt wirst du hören, warum alles so geschehen ist. Jetzt erst fängt mein Geständnis an. Jetzt, Menschenentdecker, werde ich dir Menschen zeigen. Jetzt, Ankläger, wirst du angeklagt.

Wacholder.

Ich habe dich verraten?

Elisa.
Du hast mich verraten. Du hast dich für einen andern ausgegeben. Hast du dich nicht für einen andern ausgegeben?

Wacholder.
Für einen andern ausgegeben?

Elisa.
Ja. Du bist nicht Bräutigam geblieben. Schon am Hochzeitstag hast du mich verraten. Als deine Hände noch dabei waren, mich auszukleiden — da hast du dich schon in einen Fremden verwandelt.

Wacholder.
Was sagst du da?

Elisa.
Von fremden Dingen hast du gesprochen die erste Nacht.

Wacholder.
Von meinen Plänen habe ich gesprochen.

Elisa.
Von Meeren und Erdteilen hast du gesprochen. Von Reichtum. Von Ruhm hast du gesprochen.

Wacholder.
Ja. Warst du nicht geworden mein Mitkämpfer? Durfte ich davon nicht sprechen zu meinem Mitkämpfer?

Elisa.
Dein Mitkämpfer? Du hast doch erkannt, was für eine Art Kampf dein Kampf war! Du warst blind, solange du

Augen hattest. Aber ich nicht. Ich habe gesehn schon damals. Wie bald hast du aufgehört, für mich ein Kämpfer zu sein. Wie bald mußte ich sehn, daß du nichts warst als ein Knecht. Knecht eines Knechtes. Angepeitscht. Geschöpf, bemitleidenswert, verkauft an das Gespenst deiner Maschine. Deine Maschine? Hat sie dich hinausgetragen über andere? Aber sie hat dir dafür das Blut ausgetrunken. Sie hat dir dafür das Herz aufgefressen. Sie hat dich dafür selbst zum Gespenst gemacht. Denn du warst doch kein Mensch mehr. Wie furchtbar war es, in deine Augen zu sehn! Wie entsetzlich, mitanzusehn den Triumph auf deinem Gesicht, wenn es dir gelungen war, über einen andern zu siegen. Mußtest du aber zur Erde zurückkehren, selbst besiegt — wie blies dir der Neid tödlich aus den Nüstern. Hattest du denn noch ein anderes Geschäft auf der Erde, als in den Zeitungen deinen Namen zu suchen? Wenn ich dir entgegenlief nach glücklicher Landung und dein gerettetes Gesicht in meine Hände riß, nahmst du nicht meine Liebe für Lob? Warst du nicht bemüht, deine Ohren von meinen Händen frei zu halten, um nur nichts zu verlieren vom Beifall der Menge? Der Wildeste deiner Nebenbuhler — du hast gewünscht seinen Sturz, du hast es mit deinem Wunsch dahin gebracht, daß er stürzte. Als er lag, Flammen schrecklich über ihm — zog sich dein Mund unter deinem Entsetzen nicht schon zu einem teuflischen Lachen? Ich habe es gesehn. Ach, wie hoch und wie weit begehrtest du denn noch zu fliegen? Was geschah denn in jenen andern Ländern, daß du so rasen mußtest, um noch zurecht zu kommen? Was fürchtetest du zu versäumen? Ich war da, und je weiter du flogst, je weiter flogst du von mir fort. Denn nicht nur über Menschen fremd hast du hinweggesehn. Nichts Menschliches hast du in deine Augen aufgenommen, nicht deine Freunde, nicht

deinen Bruder, nicht deine Mutter. Mich nicht. Wann
je hätte ein Buch uns entrückt gemeinsam, höher als du
jemals fliegen konntest, in das Land unserer Seelen? Wann
je hättest du mir eine Stunde geschenkt, so fern von allem
Lärm der Menschen, daß ich hätte hören können deine Seele?
Du die meine? Am Abend — war ich dir mehr als dein
Wein, gut genug, den Tag mit uns zu betäuben? Wie
bald immer trieb es dich, die Lampe auszulöschen, nur um
im Dunkel mein Fleisch neben dir zu haben. Aber wie weit
blieb deine Seele! Ich konnte ihr nicht zurufen.

Wacholder.
Meine Sache war, die Welt weiter zu bringen.

Elisa.
Ach, der Bettler, dessen Bild einmal in mich stürzte, als
du im Mantel vorbeigingst — er hat die Welt weiter-
gebracht als du. Denn er hat Herzen angerufen. Die
Welt weiter bringen? Im Bett neben dir, wie lag ich, ein
Stück dieser Welt, und mußte frieren. Wie habe ich gesucht
in deinem Gesicht, mit Augen der Ertrinkenden, den Bräuti-
gam! Nur daß du lagst angeklammert an mein Handge-
lenk, in der Todesangst deiner Träume, ließ mich erkennen,
daß deine Seele eingesperrt sich sehnte in dir. Das allein ließ
mich nicht ganz abbrechen von der Wurzel deines Herzens.
Aber dein Bruder! Jener Nachmittag! Was alles ist zu
sagen von jenem Nachmittag! Jetzt erst gestehe ich dir das
letzte. Dein Bruder! Wie arm saß dein Bruder neben mir
an jenem Nachmittag, teilte den Himmel mit den Gras-
halmen, hatte nicht Eile, begehrte über niemand zu siegen.
Wir ließen die Käfer über unsere Hand laufen. Wir sahen

zum Baum auf. Wir schlossen die Augen in Lebensblendung. Worte drangen aus uns. Neue Sprache. Neue Erde. Wir lernten die Menschen lieben. Wir füllten das Stück Welt um uns an mit ungeheurer Liebe. Jeder Mensch, der begegnete, ward angestrahlt von uns und strahlte uns an, Himmelsbruder. Unser Atem zehrte auf alles Fieber und Eiter der Stadt. Wir fühlten unsere Kraft zusammenwachsen mit den Kräften Ferner, Unsichtbarer. Kein Arbeiter nackt im Bergwerk, kein Gefangener gebückt in der Zelle, kein Hund abgemagert vor seiner Karre — wir rührten an seinen Herzschlag. Ja, wir spürten im Blut die Wesen fremder Sterne. Da war gekommen die Stunde, vom Kind schon geahnt und immer umsonst erwartet. So sehr wurde deinem wahren Bild ähnlich dein Bruder, daß die Worte aus seiner Brust brachen, die in dir verschüttet geblieben waren. Da entzündete sich mein Herz an seinem, wie an deinem zu entzünden es sich immer umsonst verzehrt hatte. Da wurde ich aufgeweckt zum Menschen. Daß ich zuwehte diesem andern, begreifst du es nun?

Wacholder (steht auf).

Ihr seid euch bestimmt. Ihr müßt euch erfüllen. Eure Namen sind zusammengeschrieben mit Sternen. Ihr seid zusammen aufgerufen seit Jahrtausenden. Wie gut gesehn! Jetzt ist alles bestätigt. Mein Urteil? Ich bin in ein fremdes Haus getappt. Ich bin der Gerichtete. Fort! Wohin? Zu Pferden blind in Bergwerken. Zu meinem Hund. Die Hunde der Stadt sammeln um mich. Mit Hunden leben im Wald. Mäuler von Hunden auf meinen Knien. Schlafen, den Kopf auf den Leib eines Hundes. Begraben in Treue der Hunde, die auch dem anhängen, der verraten hat. (Er tastet zur Tür.)

Elisa (tritt vor ihn).

Nie habe ich aufgehört, im Bruder dich zu suchen. So neben mir auf Fels zu sitzen, warst du nur abgehalten durch deinen Beruf. Der Tag würde kommen, an dem du so säßest und sprächest. Ich habe mir den Tag vorausgenommen. Das ist meine Schuld.

Wacholder.

Ich habe euch zwei Stumme zusammengetrieben. Das ist mein Verdienst.

Elisa.

Es wird dir nicht gegeben, davonzugehn und Glückliche hinter dir zu lassen. Ganz Einfaches wird geschehen: du wirst glauben müssen, daß du der Geliebte bist.

David.

Dir ähnlich — das allein brachte mir ein den Glanz eines Nachmittags.

Wacholder.

Täuscht euch nicht.

David.

Als die Nachricht eintraf deines Unglücks, welch neues Leben fiel über sie! Du warst noch über Meer, aber schon sprach sie mit dir. Nur noch mit dir. Schon stellte sie Blumen auf die Tische. Schon schüttelte sie dein Bett so zart, als legte sie dich mit Wunden schon hinein.

Wacholder (will an Elisa vorbei, Elisa vor ihm).

Täuscht euch nicht.

David.

Ich sehe ja. Sie steht da, die Augen nur an dich gehängt.

7 Schmidtbonn, Der Geschlagene.

Wacholder.

Laß dich nicht täuschen. Versuch. Frag an. Wirb um sie. David! Reisen mit Elisa! Die Straßen des Lebens aufgetan vor euch. An Strömen sitzen mit Elisa. Auf Bergen stehn mit Elisa. Die weißen Städte des Südens. Meere schäumen an. (Er will immer an Elisa vorbei, Elisa immer vor ihm).

David.

Umsonst versuchst du mich aufzureizen.

Wacholder.

Denk an den Nachmittag. Neue Sprache. Neue Welt. Viele Nachmittage warten draußen. Oder könntest du Elisa hier lassen, einen Mann an der Hand, dem der Stein im Weg das Wichtigste geworden ist?

David.

Wie du locken darfst, übermütig im Besitz! Ich hasse dich. Mutter, leb wohl.

Wacholder.

Furcht? Ihr sag Lebewohl.

David (geht zur Tür).

Wacholder (mit einem gewaltigen Sprung ins Dunkle zuerst an der Tür).

Ist deine Liebe so klein? Hält sie es aus, nicht das Letzte zu versuchen? Ich schüttele deine Schultern, bis herausbricht Wort. (Er packt ihn an).

David.

Elisa.

Elisa (stumm).

David.

Gib ihm Wahrheit.

Wacholder.

Dir.

David (schreit auf).

Mir. Ja mir. Um seine Augen erhebt sich großes Geschrei. Und ich? Warum hängt sich niemand an mich? Nicht Mutter, nicht Nachbarn, nicht die ganze Stadt? Ist es nichts, daß ein Mensch jung hinaus muß aus dem Garten, in den er sich gerettet hat aus Tod? Fort muß von dem blonden Haar, in das er seine Stirn hineintauchen wollte, um die Welt zu vergessen. Fort von Nachmittagen, Vormittagen, Abenden? Fort von Nächten, die der Wein des Herzens gewesen wären unausschöpflich nach all dem Dürsten? Fort von Nächten, die mir bestimmt sind, da das Verlangen darnach in mich getan ist? Blind? Wie weit würfe ich von mir meine zwei Augen, besäße ich die Nächte dafür, in denen ich Augen nicht brauchte! Oder glaubst du, Elisa, mich wirklich zufrieden mit Wolken und Grashalmen? Wie wenig hast du mich erkannt! Bleibst du hier aus Mitleid? Dann hüte dich, daß du nicht Verrat begehst an mir. Hüte dich, Elisa, daß du dann nicht Verrat begehst an mir!

Elisa.

Darf ich ihm übers Haar streichen, Josef? Ja, du kannst es mir nicht verwehren.

David.

Rühr mich nicht an! Sonst stürz ich mich über dich wie ein Tier. Sonst schlepp ich dich in Klauen mit mir davon.

Mitleid mit mir! Auch ich blind! Die Erde auch für mich schwarz ohne dich.

Elisa.

Mitleid mit mir! Ich muß auch sein ich. Laßt mir doch mein eigenes Leben!

David (wirft sich an den Tisch und weint).

Mutter.

O, meine Kinder, wem von euch dreien soll ich mich jetzt zuwenden?

Wacholder (nach einiger Zeit, geht von der Tür zu David, befühlt sein Gesicht).

Tränen? Tränen. Das ganze Gesicht herunter Tränen. Kinn naß. Hände naß. Tisch naß. (Er fühlt wieder.)

David.

Du hast es dahin gebracht, um dein Glück daran zu messen! (Er schüttelt Josefs Hand ab)

Wacholder.

Ich? Der Glückliche? Nein. Ein par Tränen reichen doch nicht aus, mich glauben zu machen Unglaubliches. Ich wohne tief. Ich sehe die Wurzeln. Laß nicht ab, David! Glaube!

Elisa.

Du denkst, daß auch ich blind sei. Darum vergißt du dein Gesicht zu verstellen. Aber ich sehe dein Gesicht. Dein Gesicht zuckt. Der erste Schein des Glaubens hat es getroffen.

Wacholder.

Wollt ihr mich zum Dieb machen? Wollt ihr mich machen zum Zuhälter meiner Blindheit? Menschen sein! Noch einmal zusammen sitzen, Menschen! Mutter, richte ein Hochzeitmal her. Hol Wein aus dem Keller. Schütte Blumen über den Tisch. David soll mir gegenüber sitzen. Er darf mir nun ins Gesicht sehn. Lade ein die Nachbarn. Lade auch ein die Kinder der Nachbarn. Setz sie so, daß auch sie mir ins Gesicht sehn. Schick auch die Kinder suchen, ob ein Bettler irgendwo an einem Zaun steht. Auch den Bettler lade ein. Elisa! David! Eure Hände! Gebt her eure Hände. Ich lege zusammen eure Hände.

Elisa.

Du hast angeklagt mit Unmaß. Jetzt entsagst du mit Unmaß. Klage an oder entsage, ich lasse dich nicht, bis du stehst verwurzelt auf unserer Erde, bis du das Maß gefunden hast unserer Erde. Ich bin ein Kämpfer ebenso hartnäckig wie du.

Wacholder.

Nicht Mitleid? Dann bist du in Wahrheit blind.

Elisa.

Sehender als je. Ich sehe dich. Ich sehe dein wahres Bild. Wie? Jetzt bist du doch nicht mehr der Alte, von dem ich abwehte. Jetzt bist du doch der geworden, den ich suchte. Jetzt bist du doch zurückgekehrt neu. Jetzt bedarf ich doch deines Bruders nicht mehr, der nur tönte, weil du stumm warst. Jetzt stehst du doch da neu und herrschst mächtig. Mächtig schwinge ich mit dir.

Wacholder.

Wie?

101

Elisa.
Du bist zurückgekehrt neu.

Wacholder.
Neu? Ohne Augen, das ist alles.

Elisa.
Wie schön bist du zu sehn mit neuen Gebärden! Du streckst die Hände in Sonne. Ich sah, wie du die Stirn aufhobst nach dem Abendstern. Ich sah dich gehn durch Gras so zart, als ob du schwebtest. Nun muß ich alle Menschen weniger lieben von heut an, weil sie nicht so gehn wie du.

Wacholder.
Mit Gebärden bist du schon zufrieden?

Elisa.
Du verlangst nach Liebe. Du durstest nach dem großen Herzen der Menschheit. Kein Fluch reißt dich mehr von mir. Du bist dabei, Mensch wie wir andern zu werden. Du bist wieder Bräutigam geworden.

Wacholder.
So leicht wird man ein Mensch deiner Art?

Elisa.
Nicht leicht. Du hast deine Augen dafür hingeben müssen.

Wacholder.
Was weißt du, ob ich nicht, auch ohne Augen, mich in den Schatten verkriechen werde und brüten über eine Maschine, schneller als die Maschine irgend eines Sehenden?

Elisa.

Nein. Du bist ein für allemal ausgestoßen aus der Schar der Schnellen.

Wacholder.

Nie werde ich aufhören, mit Leidenschaft weiter darnach zu trachten, den Menschen gottgleich zu machen.

Elisa.

Wie? Sollte Gott Maschinen nötig haben, um zu fliegen? Ich glaube eher, daß Gott blind ist wie du. Oder sollte er wie wir zerbrechliche Augen nötig haben, um zu sehn? Keiner also ist dabei, so nahe an Gott heranzukommen wie du. Du Blinder führe uns.

Wacholder.

Was? Wirst du noch dahin kommen zu sagen, daß du mich liebst, weil ich blind bin?

Elisa.

Ja, Geliebter, es ist furchtbar zu sagen. Aber vielleicht mußtest du blind werden, damit ich dich lieben konnte.

Wacholder (lacht gellend auf, tappt wie irrsinnig herum, faßt alles an, stößt alles fort).
Stuhl, lach mit! Tisch, hast du gehört? Bäume! Bäume!

Elisa.

Ja, Geliebter, vielleicht mußtest du blind werden, damit ich dich lieben konnte.

Mutter.

Geliebt, weil blind! Wie Blitz trifft mich die Botschaft. Herz einer Frau — kannte ich es nicht? Hochmut der Mutter.

Wacholder.

Geliebt, weil blind? Weil blind, geliebt? Mit Augen verstoßen, ohne Augen geliebt? Geliebt, weil blind? Menschen? So sind Menschen? Das dein Geständnis? Geliebt, weil blind? Gerade darum geliebt, weil blind? Erst geliebt, seit blind? Nur weil blind, geliebt? Glaube! Wo ist Glaube, daß ich greifen kann Glauben? (Er flüchtet sich vor Elisa hinter einem Stuhl.)

Elisa.

So ungeübt bist du in Liebe, daß dir das Einfachste unglaublich scheint. Höre doch: nicht über den Hohen, über den Gestürzten wirft sich die Liebe.

Wacholder (steht wie vom Blitz getroffen).

Elisa.

Du stehst erschreckt. Du zitterst. Dein Fuß faßt Land. Nicht über den Hohen, über den Gestürzten wirft sich Liebe.

Wachholder (keucht, gurgelt seltsam, hebt die Hände hoch in die Luft).

Elisa.

Denn du bist mir zugestürzt. An der Erde liegend, halb zertreten, hast du angefangen zu blühen. Du blühst vor. Über Nacht werden alle Bäume von dir aufblühen.

Wachholder (schreit auf).

Mutter! (Er stürzt sich auf die Knie und vergräbt den Kopf im Schoß der Mutter.)

Elisa.

Jetzt fängst du an zu glauben! Ach! Als die Nachricht kam deines Unglücks, wie sogleich wuchs ich dir zu! Als du standest blind, wie mußte ich, unter Schrecken, schon frohlocken in mir! Jetzt hast du angefangen zu glauben! Schein umwittert dich. Jetzt kommt das Herrlichste. Wir mit Augen sind roh und müssen sehn. Du aber wirst bestehn aus Glaube. Wir werden alle gut werden durch dich. Heb auf den Kopf, laß dein Gesicht sehn, gib zu, daß du angefangen hast zu glauben.

Wacholder (hebt den Kopf).

Angefangen Mensch zu werden, darum nicht länger zu erschrecken vor Menschen. Angefangen zu lieben, darum am Abgrund der Liebe Fuß zu fassen. Noch schwindlig. Laß Zeit.

Elisa.

Mutter, er ist zurückgelandet zu uns Menschen! Ich habe ihn dem Raum entrissen.

Wacholder.

Ein Mensch wie schlecht, daß ich nicht glauben konnte an Liebe! Mutter, erst deine Hand. Schlägt sie mich nicht? Wie über Stufen geleite mich zu Elisa. Langsam. Langsam. Laß mich jetzt stehn allein. Steh ich? Ich stehe. Ich umgreife eure Erde mit Fußsohlen. Ich atme ein eure Luft mit Mund, Haar, Händen. Nicht wissen? Mehr galt es, Johannes Pracht! Das Schwerste. Glauben. Das Leichteste. Wie? Habe ich je gezweifelt? Wie leicht ist Glaube! Über die Gestürzten wirst sich Liebe. Mutter, über die Gestürzten wirst sich Liebe! (Er streckt die Hand aus.) Elisa?

####### Elisa.

Elisa hier! (Sie nimmt seine Hand.)

####### Wacholder.

Langsam. Licht schneidet bis in meine Füße.

Elisa (küßt sein Haar).

####### Wacholder.

Langsam. Versuch die Stirn.

Elisa (küßt die Stirn).

####### Wacholder.

Den Mund.

David (geht unbemerkt von Wacholder und Elisa, abwehrend voll Trauer, als die Mutter die Arme zu ihm hinhebt).